Animais de Poder

Alquimia Ancestral

Carlos Ramon S. Carneiro

Animais de Poder

Alquimia Ancestral

MADRAS®

© 2023, Madras Editora Ltda.

Editor:
Wagner Veneziani Costa (*in memoriam*)

Produção e Capa:
Equipe Técnica Madras

Revisão:
Ana Paula Luccisano
Jeronimo Feitosa

Dados Internacionais de Catalogação na Publicação (CIP)
(Câmara Brasileira do Livro, SP, Brasil)

Carneiro, Carlos Ramon S.
Animais de poder: alquimia ancestral / Carlos Ramon S. Carneiro. -- São Paulo, SP : Madras Editora, 2023.

Bibliografia.
ISBN 978-65-5620-059-0

1. Animais - Proteção 2. Ciências ocultas 3. Xamanismo I. Título.
1. Animais - Proteção 2. Ciências ocultas 3. Xamanismo I. Título.

23-153760   CDD-133.8

Índices para catálogo sistemático:
1. Xamanismo : Ocultismo 133.8
Tábata Alves da Silva - Bibliotecária - CRB-8/9253

É proibida a reprodução total ou parcial desta obra, de qualquer forma ou por qualquer meio eletrônico, mecânico, inclusive por meio de processos xerográficos, incluindo ainda o uso da internet, sem a permissão expressa da Madras Editora, na pessoa de seu editor (Lei nº 9.610, de 19.2.98).

Todos os direitos desta edição reservados pela

MADRAS EDITORA LTDA.
Rua Paulo Gonçalves, 88 — Santana
CEP: 02403-020 — São Paulo/SP
Tel.: (11) 2281-5555 — (11) 98128-7754
www.madras.com.br

Dedicatória

Este livro é um encontro com os instintos e com os Animais de Poder, os quais são forças primitivas que também nos guiam. Aqui, e em todo o livro, a palavra primitivo(a) não tem significado pejorativo ou inferior, mas de ser o primeiro, o ancestral e o primordial. Exu é a comunicação e o verbo, portanto, dedico este livro ao Orixá Exu e aos compadres que me guiam e amparam. Eles são as lamparinas acesas que me ajudaram e me ajudam a caminhar e, como Caronte, estão me auxiliando na travessia das encruzilhadas da vida.

A Tiriri, Marabô, João Caveira, Morcego, Sete Chaves, Sete Cruzes, Sete Catacumbas, Sete Facadas, Sete Estrelas, Tatá Caveira, Exu do Ouro, Sete Caveiras, Tranca-Ruas, Lodo, Pantera Negra e a tantos outros que tive o prazer de conhecer e prosear. Exu é o amor em uma gargalhada, é o companheirismo daquele que ensina sobre lealdade e respeito a tudo e a todos. Exu é a força motriz que dá vigor, e planta a semente da vida em locais estéreis e insípidos. Exu é a ordem no caos, mas também o caos na ordem, pois Ele também é Lei.

Dedico este livro, ainda, a todos os Animais de Poder que são nossos guardiões e guardiãs deste planeta Terra. Este livro é, igualmente, uma celebração a todos os povos originários deste planeta – preto, vermelho, aborígine – os quais deram e dão suas vidas para proteger esta Terra, que gananciosos mercenários querem tomar, matar e escravizar. Este livro é a lembrança de uma Ancestralidade Vermelha e Preta, influenciadora de toda a humanidade, mas que alguns tentaram apagar, porém, ela resiste dentro de Terreiros, Roças, Giras, Rodas, Quilombos e Rituais de Cura e de aproximação da humanidade com a verdadeira vida.

Um Saravá bem grande aos nossos Ancestrais e Povos Originários!
Laroyê Exu. Exu Mojubá!

Índice

Prefácio 13
Prólogo 15
Curar-se é Desapegar-se do Medo 17
Introdução 19
Divindades Animais 23
Distanciamento da Humanidade da Natureza 27
Preconceito *versus* Religiões Naturais 33
    O Diabo 35
Os Animais de Poder e os Orixás 39
    Sacrifício Animal 41
As Quatro Direções Xamânicas 45
Dikenga e o Ciclo da Vida 49
Doenças e Animais de Poder 53
    O que é Cura? Cura Espiritual? 56
Alquimia Ancestral – Animais de Poder 59
    Conceito de Alquimia Ancestral – Animais de Poder ...62
    Animais Domésticos 67
Animais de Poder e Suas Consciências 69
    Decompositores 69
        Baratas 71
        Borrachudo/Mosquito/Mutuca/Pulga 71
        Candiru 72
        Caracol/Lesma 73
        Carrapato 73
        Cupim 74

- Larvas de Moscas 75
- Moscas 76
- Muçum 76
- Piolho 77
- Piranha 78
- Traças 78

Peregrinos 79
- Abelhas 79
- Alce 80
- Alma-de-gato 81
- Anta 82
- Aranha 83
- Arara 84
- Arraia 85
- Asno, Burro, Jumento e Mula. 85
- Avestruz e Ema 86
- Babuínos 87
- Baleia 88
- Besouro 90
- Bicho-preguiça 91
- Bode, Carneiro, Cabra e Cabrito 92
- Borboleta 93
- Búfalo, Boi-almiscarado e Bisão 93
- Cachorro 95
- Calau 96
- Camelo e Dromedário 97
- Canário 98
- Capivara 99
- Caranguejo. 99
- Castor 101
- Cavalo 101
- Cervo 102
- Cisne e Ganso 103
- Condor e Abutre 105

Curruíra 106
Elefante 106
Escorpião. 107
Esquilo e Cutia 108
Formiga 109
Gafanhoto 110
Gaivota 111
Galinha-d'angola 112
Galo e Galinha 113
Gato 114
Girafa 115
Gnus e Antílopes 116
Golfinho/Boto e Orca 117
Gorila 118
Gralha-azul 119
Guaxo, Japim e Tecelão 120
Íbis, Flamingo e Curucaca 121
Javali 122
Lagartixa e Salamandra 123
Libélula 124
Macacos. 125
Mariposa 126
Martim-pescador 127
Papagaio 127
Pavão e Faisão. 129
Peru 130
Pinguim 131
Pirapara e Piraíba 132
Pombo 133
Porco 134
Quati e Guaxinim 134
Rato 135
Sapo e Rã 136
Suricato 137
Tartaruga, Jabuti e Cágado 138

Teiú (Lagarto) 140
Tiê-sangue 141
Tucano e Araçari 142
Tuiuiú e Cegonha 142
Vaca/Boi 143
Vaga-lume 144
Zebra 146
Territoriais 147
Águia 147
Araponga 148
Ariranhas e Lontras 149
Beija-flor 150
Bem-te-vi 151
Canguru 152
Coiote e Chacal 153
Coruja 154
Corvo 156
Crocodilo e Jacaré 157
Falcão 158
Gambá e Cangambá 158
Garça 159
Gavião 160
Guepardo 161
Hiena 162
Hipopótamo 163
João-de-barro 164
Leão 165
Lebre e Coelho 167
Lince e Caracal 168
Lobo 169
Mabeco 170
Morcego 172
Moreias e Enguias 173
Onça e Leopardo 174
Pantera-negra 175

Pica-pau 175
Pirarucu 176
Polvo 177
Porco-espinho 179
Puma 180
Quero-quero 180
Raposa 181
Rinoceronte 182
Serpentes e Cobras 184
Tamanduá 185
Tatu 186
Texugo, Carcaju e Irara 187
Tigre 188
Tubarão 189
Tucunaré 190
Uirapuru 191
Urso-pardo e Urso-negro 192
Urso-polar 193
Urutau 194
Vespa/Marimbondo 195
Bestialidades Animalescas 199
Considerações Finais e Agradecimentos 201
Referências Bibliográficas 205

Prefácio

Carlos Ramon Souza Carneiro, o autor, tem uma caminhada de grandes aprendizados. Jovem, com cerca de 17 anos, recebeu do Grande Pai Celestial sua primeira missão na vida: ser pai! Sua trajetória tem sido longa e cheia de obstáculos. Porém, ele os tem vencido um de cada vez. Talvez não tenha percebido que toda a sua caminhada nada mais é que uma preparação para o que está por vir.

Hoje, após muita ansiedade e busca por respostas aos seus porquês da vida, tornou-se Pai Pequeno dentro do terreiro do qual faz parte, o TUES (Terreiro de Umbanda Esperança Sagrada). A Umbanda, religião a qual escolheu seguir, esta fé que propaga e da qual faz parte, acalmou seu espírito e abriu seus horizontes, mostrando-lhe todo o conhecimento que estava guardado dentro dele. Esse conhecimento, até então adormecido, aflorou fazendo com que Ramon buscasse respostas, as quais ele colocou em seu primeiro livro, *O Poder Oculto das Ervas – Alquimia Ancestral,* publicado pela Madras Editora. Esse livro o fez chegar à conclusão de que sua ancestralidade o estava chamando para trazer à tona os conhecimentos herdados.

Por meio desse estudo das ervas e de suas propriedades medicinais e mágicas, ele verificou sua ligação com o Reino Animal. E, mais uma vez, Ramon sintetizou seus conhecimentos e está nos trazendo, juntamente à sua ancestralidade e à espiritualidade, um livro falando sobre os Animais de Poder. Este livro vem mostrar a conexão astral e espiritual entre os Animais de Poder e nós, seres humanos. Estou certa de que encontraremos aqui muitas respostas às dúvidas que nos rodeiam diariamente.

Shirley Pinheiro, escritora, Mãe Pequena no TUES e grande amiga

Com os caminhos que a humanidade está trilhando, muitas vezes ela acaba se afastando do seu Ser; aquele Ser que está no seu interior. Nesta obra, podemos nos conectar com essa parte nossa que está à deriva. Com a ajuda e o entendimento dos Animais de Poder, pode-se fazer um caminho melhor da vida.

Ramon traz neste livro a ajuda necessária para podermos nos conhecer melhor, pois é por meio do conhecimento que muitos viajantes conseguem encontrar o seu caminho.

Ana Lúcia Lopes, Mãe Pequena no TUES e grande amiga

O ser humano, desde sua existência, tenta entender o mundo à sua volta e, para isso, nomeia, organiza e classifica o que consegue ver e compreender. O mundo que conhecemos pode ser dividido em Reino Vegetal, Animal e Mineral. Essa classificação surge no século XVIII pelo naturalista Carl von Linné, que divide o mundo em reinos como conhecemos até hoje.

Assim como Linée, Ramon também divide o mundo em reinos, mas de modo mais ancestral e sagrado, e menos biológico. Em seu segundo livro, *Animais de Poder – Alquimia Ancestral*, Ramon caminha pelo Reino Animal, trazendo-nos muito mais sobre os animais do que nossos olhos conseguem ver. O autor nos mostra como enxergar com o coração os animais ao nosso redor, nos mostra como decifrar o que cada um desses seres poderosos quer ensinar, e associa tudo isso aos Orixás.

Cada animal é sagrado! Aproveite a leitura nesse poderoso Reino!

Aline Coelho de Andrade Souza, esposa amada

Prólogo

"Para aprender precisa de SILÊNCIO" **– Caboclo Ubiratã.**
Este livro aborda uma forma de conexão com a Mãe Natureza e, com certeza, tal conexão vai muito além das palavras escritas aqui. É apenas um começo para um autoconhecimento profundo de si e de suas experiências vividas nesta encarnação. E, se for vontade da Lei Maior, a possibilidade da conexão com outras vidas.

Existem várias formas de encontrar e de se conectar com os Animais de Poder, esta é uma delas. Não viemos aqui para expressar uma verdade única e absoluta, muito menos criticar as outras formas de conexão. Esta foi a maneira que eu encontrei para me relacionar com tantos animais que foram aparecendo em minha vida e me ensinando diversas coisas, principalmente como enfrentar e encarar as dificuldades da existência material. Eu entrei em contato com todos os Animais de Poder que estão escritos neste livro, e eles mesmos me contaram um pedacinho de seus Mistérios. Sim, apenas um pedacinho. Porque onde estará o mérito de aprender de cada espírito, se estiver tudo escrito e não vivenciado? E também porque é impossível querer comentar sobre a infinidade do Grande Mistério.

O Divino nos fala a todo o momento e de várias formas. E cada um encontra a sua melhor maneira de se conectar. Nossa mente, nosso coração e, principalmente, nossa fé nos conduzem para podermos nos encontrar e de fato sermos o que viemos ser. Somos nós que colocamos limites em nossa fé e também em nossa visão de mundo, pois, infelizmente, todos somos educados em um cabresto social, segundo o qual só os "bem-sucedidos" têm voz neste mundo.

Não vim aqui questionar os tratamentos de saúde, nem mesmo dizer que devemos abandonar os tratamentos convencionais. Obviamente, isso seria burrice, bem como uma crítica a todos os Mestres que me ensinaram na farmácia. Mas este livro é uma forma de olhar para si e ver quais são as pegadas que deixamos nesta Terra. E se, porventura, elas diferem do que você gostaria para sua vida, eis aqui um modo para que Zambi o ajude a retomar seu caminho, pois a matéria nunca deve ser desassociada do espírito, da mente e do coração.

Para você que vai começar a ler o livro, dedico uma boa leitura, e que *Os Grandes Animais* o ajudem a curar e a vencer aquelas batalhas, as quais apenas você sabe que enfrenta diariamente. Que a sua conexão com a Jurema seja guiada pela Lei Maior e por sua dedicação! Que os Animais cheguem ao seu encontro e que você percorra a metade do caminho para encontrá-los!

Axé. Ahow. Laroyê. Mojubá

Curar-se é Desapegar-se do Medo

Exu Planta a Semente

Exu não é só o vazio. Ele também é a vitalidade e o vigor que permeiam toda a humanidade, trazendo força e movimento. Exu é o plantador de várias sementes em nossas vidas, mas nós que vamos escolher quais delas devemos ou não regar.

Exu planta a semente da vida, e também colhe os frutos que vingaram e aqueles que não amadureceram. Exu é o agente cármico e coloca tudo em seu devido lugar. Exu é o jardineiro que senta na encruzilhada e bebe marafo, esperando o tempo para colher os frutos e/ou ceifar as ervas daninhas.

Exu planta a semente colhendo e colhe plantando. Exu sabe que a vida é um sobe e desce, e por esse motivo, dá liberdade para encararmos nossas culturas. Exu não cobra submissão, Exu cobra palavra e caráter, respeito à vida e determinação em se ajudar. As sementes de fartura, alegria, amor e prosperidade só vão crescer se bem alimentadas. Da mesma forma, as sementes de ódio, desprezo, preconceito e rancores só vão crescer se forem alimentadas. A escolha é sua.

Exu é o plantar e o colher, é o movimento e a sabedoria de Zambi, ensinando a gargalhar nas encruzilhadas da vida, e dando a sapiência de que o que se planta também se colhe sem distinção.

Exu é a paciência e a sabedoria Divina, pois sabe a hora de gargalhar e de beber as alegrias de se viver.

Exu é o ejacular da vida, porque é o movimento do amor e da fertilidade, da esperteza e da vitalidade. Sem Exu não se faz nada, muito menos se vive.

Laroyê.

"Nada quebrado conserta outra coisa quebrada"
– **João Caveira**.

Introdução

Quando pensamos em Reino Animal e Animais de Poder vêm muitas informações à nossa cabeça. Mas, antes de falarmos diretamente sobre esses Grandes Mestres Animais e a Alquimia Ancestral – Animais de Poder –, precisamos primeiramente entender um pouquinho de Xamanismo. De onde vem essa doutrina, esses pensamentos e a ligação que o homem fez com o Reino Animal e com toda a Natureza, nos tempos mais remotos e primitivos da humanidade. No primeiro livro da trilogia *Alquimia Ancestral,* quando falamos a respeito do Poder Oculto das Ervas, comentamos sobre a metamorfose da medicina, até os dias atuais, e o *Espírito Ancestral* curativo de cada erva. É interessante ler meu primeiro livro,[1] pois ele lhe dará um norte para esse pensamento da Alquimia Ancestral.

Falando em Xamanismo, a primeira coisa que vem à nossa cabeça, principalmente em nós, ocidentais, é o Xamanismo norte-americano, com as grandes tribos e os grandes chefes do Norte. Mas o Xamanismo não é apenas de lá, da América do Norte, na verdade, é a religião mais antiga praticada até hoje no planeta Terra. O termo "xamã" tem origem nos povos tungues da Sibéria, que eram considerados grandes curiadores, curadores, curandeiros e feiticeiros. Isso vem de milênios atrás, diga-se de passagem, para mais de 40 mil anos. Mas tenho a certeza de que é muito mais antigo. Acredito que a relação com a Deusa Mãe Natureza teve início

---

1. Consultar *O Poder Oculto das Erva – Alquimia Ancestral*, publicado pela Madras Editora.

quando o homem começou a desenvolver sua consciência espiritual e sagrada da vida. E essa data é impossível estimar.

Sim, eu falo religião, mesmo que algumas pessoas não acreditem que seja uma religião, dizendo que o Xamanismo é uma doutrina. Mas a palavra religião, na sua etimologia, vem do latim religare, que significa religar. Portanto, entendo que o Xamanismo nos traz a ligação, a ponte, com o Grande Espírito. Além disso, auxilia na conexão com a Mãe Gaia e todas as Divindades com as quais temos a possibilidade de nos relacionar. É a nossa conexão e a reconexão com a Mãe Natureza, e digo de coração que a Mãe Natureza é uma das Grandes Manifestações do Divino na Terra, principalmente do Grande Útero Divino, que gesta e ampara seus filhos. Essa reconexão com a Natureza é algo tão importante, mas que, infelizmente, hoje em dia, a humanidade não dá tanta importância. Há muito tempo, a humanidade acabou se distanciando da Natureza e começou a adoecer sua mente, espírito, alma e, por consequência, seu corpo foi sendo cada vez mais exaurido, esquecendo que não somos algo à parte da Natureza, mas, sim, parte dela, pois somos animais também.

Os xamãs são grandes curadores e mediadores que têm a capacidade de interagir com forças sagradas e elementais, como: divindades, espíritos, forças naturais, sejam elas animais, plantas, cristais, água e várias outras que há muito tempo são conhecidas. Mas em virtude de pensamentos mesquinhos e de ordem egoísta, nossos Mestres Superiores nos fizeram esquecer isso, para não maltratar ainda mais as realidades, achando que somos donos do mundo. Ainda assim, esses grandes Mandingueiros conseguem interagir não apenas com orações e cantos, mas também, por meio do relacionamento por si só, ter um contato direto com essas energias e "mundos". Eles utilizam várias formas para isso, como: tambores, danças, cantos, maracá, plantas ou, até mesmo, o silêncio absoluto. Com isso, conseguem libertar-se conscientemente deste mundo denso material e dar saltos para voar pelos outros mundos, como meio de interagir para aprender, ensinar e curar.

O Xamanismo não é algo estático e, muito menos, limitado pela nossa mente. É algo que envolve todo o mundo (aquele que achamos que conhecemos e aquilo que não conhecemos) e está muito além do que definimos por palavra. Ele é o sentimento, o cantar de um passarinho, a brisa do mar tocando nossa pele, a sensação de pisar na terra, a conexão da humanidade com a teia da vida e a forma mais natural de as pessoas se relacionarem com o universo positivamente. Isso é uma parte da nossa relação com Deus e com a Deusa Criadora do Universo. O xamã entende os ciclos da vida, e sabe muito bem que a vida é feita de altos e baixos, de morte e de renascimento, mas, principalmente, é cheia de aprendizados e de esperança.

Esse pensamento natural foge um pouco dos pensamentos eurocentristas, imediatistas, ocidentais, machistas e patriarcais da sociedade "normal" de hoje em dia. A relação entre homens e mulheres é complementar, não segregacionista. Na sociedade, ou melhor, na tribo dos Grandes Mestres, a relação é matriarcal por excelência. Vou dar um exemplo: os Grandes Caciques e Pajés do Norte, na cultura Lakota, receberam a Mulher Novilha de Búfalo Branco, que é um avatar que pode ser considerado e sincretizado com Jesus Cristo na sua Fé, no seu Amor, no seu Conhecimento, na Justiça, na Lei, na Evolução e na sua Criatividade. Foi ela que introduziu a dança do Sol e o Cachimbo Sagrado ao povo Lakota. E quem abre a Dança do Sol é a Anciã mais velha da tribo, que simboliza a Sabedoria Ancestral, a Fertilidade, o Amparo de uma Avó que gesta, ampara e sustenta toda a tribo com alimento Espiritual e Energético. O Feminino é a Pachamama que nos guia sempre.

Por isso, neste livro, vamos falar um pouco sobre o retorno da humanidade para sua essência natural, ou melhor, vamos trazer uma forma de nos aproximarmos de Deus Pai criador e da Nossa Mãe Natureza que nos gesta e ampara. E todos esses Animais de Poder nos ajudarão neste mergulho interior para que possamos nos enxergar, nos entender e nos curar, para então sermos uma versão melhor de nós mesmos. Assim, quando tivermos a oportunidade de estar diante de Deus, Olorum, Gaia, Tupã, Zambi, Grande Espírito, Nhanderu, etc., não nos sentiremos envergonhados do que fizemos, muito menos do que somos e do que nos tornamos.

A intenção aqui não é criticar, nem, muito menos, desvalorizar nenhuma doutrina, mas mostrar mais uma visão e uma forma de interação com os Animais de Poder. Todo o conteúdo escrito está amparado e guiado por vários Mestres da Luz, sendo mais um dos vários entendimentos do mundo afora sobre esse conhecimento interminável. Não existe uma verdade absoluta, tampouco segregacionista, mas um olhar de que tudo se completa, se relaciona, se funde e se renova com e como a Mãe Natureza.

Tenho comigo que muitas coisas que vivemos aqui são como um espelho de Olorum. E, então, devemos permanecer atentos aos sinais e às "falas" de Deus para nós. Por isso, este livro não veio quebrar, nem dizer o que está certo e errado, mas se fundir e buscar retorno às forças da Natureza com a ajuda dos Animais de Poder.

Olhar o mundo com olhos xamânicos é sentir com o coração, não com a mente perturbada e cheia de imediatismo. Tudo tem seu tempo, sua hora e seu momento de dar frutos; com certeza absoluta, nada deve ser pensado com lucro, mas com o progresso e o relacionamento saudável com a Grande Mãe Terra. Somos um mundo onde Zambi habita dentro e fora de nós, portanto, devemos respeitar nossos relacionamentos e onde pisamos.

E isso é Umbanda, a mistura da Sabedoria Vermelha e Preta. É o resgate desse relacionamento e dos saberes *Ancestrais* que esquecemos por um colonialismo consumista e destruidor. A Umbanda não separa, nem maltrata, mas, sim, ampara, acolhe e cura. O que é a Umbanda, senão o Culto dos Orixás que são Forças da Natureza? O que é a Umbanda, senão cuidar e preservar a Natureza? O que é a Umbanda, senão a esperança em um mundo mais verde e colorido para nossos filhos? O que é a Umbanda, senão o olhar, o escutar e o sentir que tudo é criação de Zambi?

"O conhecimento é algo que vem do Espírito de vocês, deixe o Grande Espírito falar com seu Espírito. Ele falará dentro de sua alma, fará que cada grãozinho de sua vida se conecte com tudo, essa é a essência do mundo.

Todo mundo faz parte dele, e todos estão ligados pela teia da vida, uns com os outros, essa energia faz com que vocês se conheçam e cada um conheça mais a si mesmo.

Muito bonito tudo isso que está acontecendo, simples e complexo como a Mãe Natureza. Conectar com o Grande Mistério é simples. Faça isso sempre quando sentir vontade, não tem nada de errado"

– **Caboclo Ubiratã.**

Divindades Animais

A natureza sempre foi uma fonte inesgotável de soluções para a humanidade. Anciãos, pajés e xamãs sempre souberam disso, sendo Mistérios Divinos e medicinas curadoras as plantas, os animais, os cristais, os tambores, os maracás e tantas outras consciências, que permanecem há milênios nas culturas ancestrais. E essa interação com a Mãe Natureza, nossa saudosa Mãe Jurema, sempre foi para deixar a humanidade mais feliz e aperfeiçoar as coisas boas de nossa vida.

Esses Grandes Anciãos nos mostraram, e até hoje nos mostram, o quanto essa adoração e amor pela Mãe Natureza nos são benéficos. Com isso, esses nativos sempre souberam que nosso Deus único, onipotente e onipresente, Era e É manifestado pelas forças naturais. Por isso, as Divindades eram cultuadas na Natureza, e há um grande respeito e amor pela Mãe Jurema. Muito antes de as grandes religiões se instalarem, as Divindades tinham formas e características humanas, animais, vegetais e várias outras manifestações da própria vida natural. Por esse motivo, vários pontos da Natureza também eram e são considerados Divindades, como: o Sol, a Lua, a Terra, os Raios, Rios, Cachoeiras, Mar, etc.

Os Deuses e as Deusas tinham formatos de animais, o que se denomina zoomorfismo. Divindades também tinham características metade humanas, metade animais – isso chamamos de antropozoomorfismo. Foi algo cultuado durante milênios, com uma estimativa impossível de calcular desde quando isso aconteceu. As culturas egípcias, celtas, africanas, asiáticas, macedônicas, sumérias, orientais, gregas e americanas nos mostram esse fato.

O grifo, por exemplo, tem sua aparição nas lendas asiáticas, e essas lendas percorrem todo o Oriente, o Egito e a Grécia. O grifo era uma representação do sagrado, da fertilidade, do vigor, sendo um Guardião da Justiça, da Luz e da Autoridade Divina. Mostra também o ciclo da vida e da morte. É um guardião do renascimento.

Seth, na cultura egípcia um Deus com cabeça de algum animal desconhecido – uns dizem que é um porco-formigueiro, outros um asno selvagem africano –, era, e acredito que ainda seja, um dos guardiões da vida e da morte. Ele também simboliza o caos e a noite.

Selkis, no Egito antigo, era uma deusa que representava a renovação, a cura e auxiliava no processo de renascimento. Era protetora das mães, e também ajudava nas respirações e no amparo dos recém-nascidos. Considerada uma grande feiticeira que espantava todo e qualquer tipo de animal peçonhento das residências e, claro, também curava as picadas desses mesmos animais. Ela era representada como uma linda mulher com um escorpião em sua cabeça ou em forma de escorpião, no qual ela conseguia se transformar. Igualmente, aparecia com um corpo de mulher e cabeça de escorpião, entre tantas outras representações.

Anúbis, deus egípcio com cabeça de chacal, também é uma divindade que simboliza os mortos e o contato com o mundo sobrenatural. Era Anúbis que guiava o espírito dos mortos para o além. Sua cabeça era de um chacal, pois esse animal sempre rodeava os cemitérios à noite. Anúbis é considerado o deus da mumificação por embalsamar Osíris, que foi despedaçado pelo seu irmão, Seth.

A ave Íbis trazia abundância e prosperidade quando chegava ao Egito com as cheias do Nilo. Era tida como a encarnação do deus Thoth, com uma cabeça de ave e corpo humano. Além da ave Íbis, havia um babuíno representando também uma forma de suas encarnações. Thoth era a representação da sabedoria e da escrita, considerado o advogado da humanidade.

Hórus, com cabeça de falcão, filho de Osíris e Ísis, era o deus egípcio que representava os vivos e o Sol, além de tantos outros deuses egípcios que tinham essa característica zoo e antropomórfica.

Na cultura grega, existiam os sátirs ou sátiros, divindades menores, com cauda e orelhas de cabrito, pequenos chifres na testa, os quais tinham como pai Pã, que também possuía chifres longos em sua cabeça, pernas de bode e um pênis ereto constantemente. Era uma divindade que simbolizava a fertilidade, a vitalidade e o vigor da humanidade. Pã era a divindade que protegia os pastores de ovelhas e plantava as sementes na terra.

Na cultura asteca, temos a serpente emplumada, conhecida como Quetzalcoatl, considerada divindade do vento, do ar, da aurora, das artes, do artesanato e do conhecimento. Temos aqui também Xolotl, divindade que guiava as almas no mundo dos mortos astecas, sendo igualmente deus do fogo, da iluminação e das doenças; ele é irmão gêmeo de Quetzalcoatl.

Na cultura inca, tem-se o condor, uma ave extremamente sagrada para essa cultura. Acreditava-se que o condor fazia a comunicação entre o mundo terreno (Kay Pacha) e o mundo superior (Hanan Pacha). O puma é um animal que representa a sabedoria, a força e a inteligência. Também temos a serpente, que representa o infinito e o mundo dos mortos, trazendo a sabedoria e a longevidade do espírito, que para os incas também é eterno. Com esses três animais, tem-se a trilogia inca: a representação do Mundo Divino (Condor), do Mundo dos Vivos (Puma) e do Mundo dos Mortos (Serpente).

Na cultura dos Orixás e dos Nkisis, cada animal é sagrado. E como nas plantas, existem Orixás que regem suas vidas, e esses Axés podem ser absorvidos por nós por meio do contato com esses animais. A energia dos animais, na cultura Yorubá, na África, é tão importante que se diz: "Se você bater em meu cachorro, foi em mim que você bateu".

Há muitas outras culturas ancestrais que não relatei anteriormente, simplesmente por ser impossível mencionar todas as culturas que pisaram nesta Terra em algumas páginas de um livro. Aqui, quis mostrar apenas como essa energia selvagem, primitiva e instintiva sempre envolveu o homem, e foi, é e sempre será uma energia muito respeitada pelos Grandes Mestres Sábios da Luz.

"Nem tudo parece perdido. Olhe pra cima. Veja a Luz do Grande Espírito Avô Sol. Agradeça por vossa quentura chegar em vossa pele e trazê aquecedô.

Olhe pra cima, agradeça Grande Avó Lua por tá lhe amparando até na escuridão. Olhe pra cima, jogue as palavras pros quatro ventos, pra que Grande Espírito ouça sua voz. Acenda Cachimbo Sagrado com força e fé. Deixe fumo Sagrado purificá vosso pensamento e vosso coração. Sinta a brisa te respondendo e o canto dos passarinhos cantando a voz de Mãe Vento. Mãe Terra em vossos pés. E Grande Céu amparando vossa cabeça. Paciência traz sabedoria" – **Caboclo Ubiratã**, psicografado, 11/3/2021.[2]

"Faça o caminho, seja o caminho, aproveite o caminho, o que for da matéria fica na matéria, o que é do Espírito é eterno" – **Exu do Ouro**.

---

2. As psicografias estão transcritas da maneira como foram transmitidas.

Distanciamento da Humanidade da Natureza

Antigamente, em tempos tão remotos que não se consegue estipular a data com certeza, as adorações a Deus Pai e à Deusa Mãe eram feitas a céu aberto, tendo a Mãe Natureza e os Animais como testemunhas da vida e da evolução do ser humano. Nesse momento, a comunhão entre a humanidade, Zambi e a Natureza, que já era forte, estabelecia forças que davam mais vigor e fartura para a vida de toda a sociedade.

Os Grandes Anciãos da Mãe África e os sacerdotes de todo o mundo entendiam, tal qual os grandes sábios de hoje em dia, que a Natureza é a manifestação do Divino; é a força que guia, ampara e gesta a humanidade para que ela dê seus passos para sua abertura de consciência. Não apenas na consciência material, mas principalmente na sua consciência espiritual, emocional e mental, para que cada indivíduo desta Terra consiga ter seu equilíbrio e firmeza, sendo então fonte inesgotável de Abundância e Prosperidade Divina. Não é mera coincidência a Terra ser chamada de Mãe e Útero Divino, pois é aqui que somos gestados para aprender a termos consciência, e para podermos ter a oportunidade de nascer para a espiritualidade com mais equilíbrio e respeito.

As doutrinas naturais que aqui vou chamar de Xamanismo, de todo o mundo, são muito similares. O culto à Mãe Natureza, ao Tempo, às Águas, às Ervas, às Pedras e aos Animais é tão verdadeiro que segue a natureza humana até os dias atuais, e isso é um fato, mesmo que alguns céticos tendam a dizer que não funciona. Tudo sempre esteve interligado por uma sapiência primordial, primitiva e ancestral, que entendia essa ligação. A ciência, a magia e a religiosidade sempre andaram de mãos dadas, mostrando que a magia de antigamente se tornou a ciência atual. É a forma de ver o mundo como uma única célula, em que cada estrutura viva desta Terra é como se fosse uma organela, a qual contribui e contribuirá sempre para o bom funcionamento do planeta. Tudo sempre foi tão simples, mas, ao mesmo tempo, tão complexo. A fartura e a prosperidade não eram medidas em ouro, mas em crescimento de toda a nação.

A ruptura desse modelo natural começou quando o homem, por sua ganância desenfreada, chegou a lugares antes intocáveis, e a exploração tanto do ambiente quanto das pessoas se tornou desenfreada. A fome de poder, de riquezas e o ego descontrolado fizeram com que alguns homens começassem a invadir todo o resto dos continentes do mundo, "colonizando" outros povos para saciar suas mesquinharias. Então, a riqueza começou a ser medida em ouro, pedras preciosas, terras e poder, não mais em abundância de vida e conhecimento.

A cultura romana dominou vários territórios na Europa, na Ásia e no Norte da África, por isso no Ocidente a imposição de seus costumes foi intensa. A cultura antiga era politeísta, mas a partir do século I d.C. a influência do Cristianismo começou a aumentar, tanto é que por três séculos os cristãos foram perseguidos. Com a queda do Império Romano, no século IV, a Igreja Católica institui sua religião como a oficial em Roma e, também, constitui-se como a principal instituição da Idade Média, ganhando muita força. Mas se divide em Igreja do Ocidente, em Roma (Católica Apostólica Romana), e Igreja do Oriente, em Constantinopla (Ortodoxa). Em aproximadamente 1054, ocorre o Cisma do Oriente, em que, por divergências políticas, litúrgicas e jurisdição, ocorre o rompimento da Igreja.

No século XVI, tem início a Reforma Religiosa com Martinho Lutero e outros pensadores religiosos, que começaram a contestar dogmas da Igreja, como a venda de indulgências e de "terras no céu". Martinho Lutero elabora 95 teses que criticam duramente a Igreja da época. Com mais esse rompimento da Igreja, formando novas religiões, como a Luterana e a de Protestantes, a Igreja Católica dá início ao processo de Contrarreforma por meio da Santa Inquisição (que de Santa não tem nada), a qual já existia desde o século XI, mas para reafirmar os dogmas da Igreja Católica foi intensificada, alargando-se também para outros países. A Inquisição Espanhola e Portuguesa foram muito intensas, e como essas nações estavam colonizando outros países, suas colônias também sofreram as consequências.

Esse impacto se vê quando todas as culturas, que diferiam dessas da época, eram criticadas e chamadas de pagãs. Vários bruxos, bruxas, feiticeiros, feiticeiras, quimbandas, curandeiros e curandeiras desse período foram torturados, dissecados, esquartejados ou queimados vivos. A perseguição ocorria em todas as colônias, tanto pela Igreja Católica quanto por protestantes e luteranos. Todos queriam afirmar sua posição maioral, destruindo tudo e todos aqueles que não se convertiam, nem aceitavam os dogmas da igreja.

A Europa, com seu poder financeiro, bélico e cultural, começou a tomar conta do resto do mundo. Colonizou as Américas, a África, a Oceania, só não doutrinou o restante do Oriente Médio, porque as trocas de utensílios de valores já aconteciam nas rotas de comércio da Mesopotâmia e do Oriente Médio há muito tempo, mas por si só, tudo que era diferente era considerado herege e pagão. A forma mais contundente de matar e escravizar um povo era sufocando sua cultura. E isso os europeus fizeram, e muito.

Essa cultura materialista e egoísta, primeiramente, engoliu várias tribos europeias, como: os celtas, os vikings e várias outras culturas ditas pagãs, que levavam esse nome por simplesmente não se encaixarem no molde que os grandes oligarcas da época achavam que era o "normal". Até mesmo pessoas que se diziam cristãs, mas que praticavam algum tipo de magia não ligada à Igreja, eram torturadas e queimadas.

A colonização das Américas, da África e Oceania passou por esse momento de "conversão", no qual muitos anciãos, chefes nativos, perderam suas vidas para proteger seu povo, seu território e sua cultura milenar, que era, em sua grande maioria, passada oralmente para todos da sociedade. Apesar de a Inquisição ter tido maior impacto na Europa, a imposição nas outras colônias também foi incisiva e destruidora, tanto que apenas no Brasil havia aproximadamente 6 milhões de nativos, organizados em várias sociedades, mas hoje em dia, infelizmente, muitas dessas sociedades não existem mais. O homem branco (europeu) teve a oportunidade de chegar a novas terras e aprender com as sociedades que ali viviam, se inserir e ter outra visão de mundo. Contudo, quis escravizar, doutrinar, catequizar e assassinar várias culturas.

Aqui, entendemos um pouco da criação dos demônios, das divindades das trevas, do bode, do caneludo, do pagão, do opositor e de tantos outros nomes criados para mostrar que a religião ou a espiritualidade do outro era errada. Foi uma questão de controle e dominação. Isso explica um pouco a razão do preconceito que religiões de origem africana e naturais ainda sofrem, com diversos julgamentos. A primeira forma de destruir a cultura era marginalizar e dizer que isso era coisa do capiroto; a outra maneira era dizimar e assassinar os anciãos das tribos, por guardarem toda a história e a sabedoria do povo.

Além dessa dominação cultural, a ganância por minérios, riquezas e especiarias era desenfreada, promovendo chacinas, destruição e não aceitação dos povos nativos. E, assim, tudo que era Sagrado para o povo da natureza foi sendo destruído e consumido por ódio, soberba e materialismo incontrolados.

Com essa destruição, a humanidade foi se distanciando da natureza e acabou achando que é algo separado dela, perdendo o entendimento de ligação e de relacionamento com a Mãe Natureza. A humanidade "evoluída" esqueceu que também é um animal e depende da vida na Terra. E com esse desequilíbrio os seres humanos passaram a acreditar que o mundo devia a eles, mas, na verdade, é justamente o contrário.

Precisamos entender o porquê desse distanciamento da natureza para aprendermos a lidar com nossas negatividades, e não deixar que elas tomem a dianteira. Paralisar também o ego inflado, o egoísmo e a mente fechada, a fim de que esses sentimentos nocivos não nos dominem mais. Necessitamos entender que muitos dos nossos pensamentos são embutidos em nossa cabeça desde que nascemos, os quais, infelizmente, promovem o consumismo e a destruição da nossa casa. Implodir esses pensamentos dói e machuca, porque quando começamos a fazer isso, a maioria da sociedade alienada e dita evoluída nos olha como alienígenas ou realizando uma espécie de utopia.

Esse distanciamento da natureza afastou a essência da vida e trouxe um desequilíbrio insano. Pisar na terra descalço, andar por trilhas e ter a interação com os animais e toda a natureza começaram a se tornar coisas raras. Mas, aos poucos, o retorno começa: os animais indo parar dentro de apartamentos, as plantas nascendo nos vão das calçadas. É a natureza nos mostrando que fazemos parte dela. É a resistência dos espíritos ancestrais resistindo e lutando até hoje. Só não enxerga quem não quer ver.

Faça um experimento e veja o quanto você se identifica com a natureza e faz parte dela. Em um momento em que estiver cansado, retire seus sapatos e saia para caminhar em uma trilha, nadar em uma cachoeira ou simplesmente tome um banho de chuva, e sinta o Axé Divino percorrendo todo seu corpo. Sinta a chuva lavando e clareando a sua mente e alma. Sinta a energia da Terra subindo pelos seus pés, dando-lhe a firmeza e a sustentação de que você precisa. Sinta a água da cachoeira preenchendo todas as lacunas do seu coração. Não precisa contar para ninguém, só viva essa oportunidade e sensação, assim, o seu próprio Espírito vai trazer a resposta para você.

"Nasci há muito tempo, em várias vidas eu vi um pouquinho da vida material pra aprendê a sensação do Amô de Nosso Sinhô. Eu senti a vida num olhar de uma vaca, a força no pisa de um cavalo, a coragem de uma onça protegendo a cria, a destreza do passarinho pescando, o olhar profundo de uma águia, a sabedoria e a paciência de um búfalo, a criatividade e suavidade de um beija-flor, o respeito e a confiança de um elefante, a realeza e a força de uma leoa, a esperteza de um macaco, a firmeza e coragem destemida de um gorila, a magnitude de uma borboleta, a luz que alumia os caminho cum o vaga-lume. A leardade de um cachorro, a indiferença e a proteção de um gato e o Amô de Zambi cum tudo as criação d'Eele. Sabe que quando sento no toco pra fuma a minha cachimba eu via a construção de uma família de cupim, através da dedicação e organização de cada um fazia grandes moradas. Um ajudando o otro a crescê. O Zumbido da cascáver dizeno: 'aqui é minha casa, vai simbora e respeita a minha vida'. Se cada um escuitá Deus nos animais, cada um saberá respeitá mais os limites dozotros. Por isso respeitá o vosso limite e do otro é tão importante. Saiba deixar a luz da vida acesa sem apagá a do otro. E quando esquece disso, olhe pra Lua que até na escuridão tem força pra alumiá o céu" – **Pai Antônio de Aruanda**, psicografado por Carlos Ramon S. Carneiro, 11/02/2021.

Preconceito *Versus* Religiões Naturais

As religiões ou doutrinas naturais existem há milênios e não há uma forma de "medir" isso em anos, pois são culturas que já desapareceram, mas também existem algumas que estão ativas na humanidade até hoje. A cultura de Orixás, Nkisis, Voduns e tantas outras doutrinas xamânicas veneram e entendem que a Mãe Natureza representa vários pontos de força. Essa Mãe é a representação do Divino, do Sagrado e do Alto neste meio onde vivemos.

A maioria dessas doutrinas naturais foi sumindo da Terra por inúmeros motivos. Mas o grande e maior impacto se deu em relação às colonizações pela Europa, em todos os outros continentes, quando várias tribos e culturas foram dizimadas pela dominação do europeu cristão. O surgimento das religiões monoteístas, como Judaísmo e Islamismo, também favoreceu o declínio e o desaparecimento de muitas doutrinas naturais. E como a humanidade teve e ainda tem uma grande influência da Igreja Católica Apostólica Romana, como já relatado em capítulo anterior, não há como falar de animais sem mencionar essa visão sobre as religiões naturais.

Não estou aqui para criticar nenhuma religião, pois creio que todas essas manifestações divinas, em formato religioso, são para ajudar a humanidade a compreender o Divino em suas várias faces, porque nem todas as pessoas aceitam ou entendem o Deus e a Deusa da mesma forma. O que apresento nestas páginas são fatos presentes em vários livros de História, os quais estudamos na época do primário e, principalmente, os escritos por aqueles dominados, porque é aqui que conseguimos ver sem flores e rodeios a intenção do "vencedor".

Com esse conhecimento adquirido, com minha visão e própria consciência, tirei as minhas conclusões. E você tem todo o direito de aceitá-las ou não. Este livro é uma forma de conhecimento para combater esses preconceitos, esses pensamentos atrasados e segregacionistas que temos, os quais, na grande maioria das vezes, não sabemos de onde vêm, mas estão entranhados na sociedade mundial de forma estrutural. Esses preconceitos devem ser arrancados, extirpados e curados, para não transmitirmos esses desequilíbrios às próximas gerações.

Entendo que todas as religiões foram criadas por Olodumaré, Deus, Gaia, Olorum, Tupã, Grande Espírito, Nhanderu, ou pela forma que você preferir mencionar o Alto e Criador(a) de tudo. E como foram criadas pela Sua Sabedoria, quando elas foram sumindo também foi por algum motivo, mesmo que nossa mente e coração não entendam. Mas, ainda assim, não devemos esquecer nossa compaixão e empatia para tirar as conclusões desses acontecimentos, os quais, em muitos casos, foram trágicos e maldosos. Tirania, desrespeito e dominação nunca devem ser vistos e esquecidos, muito menos compreendidos como algo normal, porque não são. O verdadeiro sentido humano está dentro da Fé, do Amor, do Conhecimento, do Equilíbrio, da Ordenação, da Evolução e da Geração, isto é, nossos princípios são altruístas e devem ter sempre a intenção de fazer o bem. Quando algo dessa magnitude fere uma cultura, uma pessoa e leva à extinção de uma etnia, devemos ter a consciência de que nossa liberdade termina onde começa a do outro. Por esse motivo, vemos que a humanidade se perdeu em algum momento nesta Terra. E aqui estamos para poder resgatar o verdadeiro sentido de sermos humanos.

A religião católica foi e ainda é uma das maiores religiões do mundo, em virtude de sua expansão e de alinhamento com muitos impérios e governos. Além de política, também adotou formas de conversão e dominação, e isso não tem nada a ver com a religião, mas com as pessoas que integravam e manipulavam a Igreja ao seu bel-prazer, colocando o ego e a vaidade na frente, e não o amor, como querido Yeshua, Jesus, ensinou.

Com isso em mente, nas colonizações e catequizações de várias culturas, os colonizadores diziam que os nativos (índios) e os negros não tinham alma, nem iriam encontrar o criador (*sim, nesse contexto, criador com letra minúscula*), por isso deveriam ser doutrinados a aceitar a nova religião, nem que fosse por goela abaixo. Nessas dominações, em que prepotência era misturada com o ego de pessoas desequilibradas e com sede de poder a qualquer custo, começaram as comparações e os falatórios de que o Deus do outro era o demônio, o tinhoso, o opositor. Além de ser um modo de preconceito, era uma forma de dominação, castração e de espalhar o medo, dizendo que só a conversão e a aceitação daqueles que são pecadores os salvariam. Assim também os nossos ressentimentos e erros, transformados em conversas, desabafos com Deus para tentarmos melhorar, se tornaram ferramentas de conversão.

O Diabo

Com esse olhar, devemos entender por que o caneludo, diabo, demônio, satanás e tantos outros nomes têm formatos de animal, com pé e cabeça de bode, forma de serpentes, chifres, asas, rabo; e por que seu símbolo também é um pentagrama invertido. Todas essas características são um somatório de pensamentos e imagens de várias culturas, contrárias às católicas. Mas não contrárias por contradizerem os princípios de Amor, Caridade e Respeito em relação à Natureza e ao ser humano, mas por terem uma visão e uma forma diferente de se conectar com Deus. Essa contrariedade também era um modo de contestar o clero, e isso naquela época era um bom motivo para conversão. Assim foi construída a forma animalesca do Diabo, para repudiar e ir contra as doutrinas naturais.

Nas culturas mais antigas, o bode nunca era algo deplorável, mas, sim, um animal cultuado e tinha características de virilidade, potência, trazia fartura e abundância para o cultivo das plantações de grãos e alimentos. Como disse anteriormente, Pã era o protetor dos pastores e possuía pernas de bode. Desse modo, como uma forma de doutrinação e dominação, princípios básicos de prazer e sobrevivência normais, como o sexo, foram considerados pecaminosos, caso não fossem feitos apenas para procriação. Com esse pensamento, o bode foi relacionado a uma visão de desejo descontrolado, a erotismo, pecado, algo proibido, pois transformar coisas básicas, que sempre foram normais, em algo pecaminoso era a maneira de controlar a todos. Tudo isso para transformar algo que todos praticavam em uma coisa ruim, em pecado. Para ir para o reino dos céus, todos deveriam se confessar.

O bode carregar todo o pecado da humanidade vem de passagens da Bíblia, do Antigo Testamento, em que no Dia da Expiação (Yom Kipur), em um ritual mágico para a purificação das pessoas, eram utilizados dois bodes: um era sacrificado no altar, precisamente queimado, e seu sangue era utilizado para marcar as paredes do templo; o outro tinha a função de carregar os pecados da comunidade. Nesse procedimento, o sacerdote retirava toda a negatividade e os pensamentos pecaminosos das pessoas, contando no ouvido do bode. Em seguida, esse bode era lançado no deserto para expurgar os pecados. Por isso dizem que o demônio carrega todas as impurezas do mundo, e daqui vem a expressão *bode expiatório*.

O chifre, por exemplo, nas culturas nativas americanas, é uma representação de sabedoria e do contato com o alto; por isso o búfalo (bisão) possui chifres, porque, mesmo tendo seus cascos firmes no chão, o chifre mostrava que sua firmeza estava muito bem alinhada com o Amor e a Sabedoria do Grande Espírito. O chifre, nas culturas africanas, simbolizava e ainda simboliza empoderamento e virilidade, bem como força e liberdade, alinhadas com a força dos Orixás e dos Espíritos Ancestrais. Mas como o pensamento diferente era considerado errado, o chifre acabou indo parar na cabeça do Diabo.

Então, toda a montagem e a criação do Diabo foram arquitetadas por mentes insanas e egoístas, de uma forma a gerar ainda mais temor e medo, a fim de mostrar que as doutrinas naturais são erradas. O uso de símbolos neutros, como o Pentagrama, que simboliza os cinco elementos, também foi invertido, tendo uma conotação negativa.

Portanto, vemos que o Diabo é uma construção católica e dos homens que começaram a organizar a Igreja. Essa criação foi uma forma de legitimar a segregação, a punição e a doutrinação de vários povos. E também um modo de conforto, de terceirizar a culpa, porque é mais fácil culpar o Diabo do que nós mesmos pelas besteiras que causamos.

Sim, existe magia negativa, a qual tem a intenção e o desejo de prejudicar o próximo. Mas isso não tem relação com o "Diabo", mas com mau caráter, pensamentos e atitudes mesquinhas de pessoas que usam todo o aparato natural e neutro da natureza para fazer o mal. A natureza é neutra, e traz consigo o Amor Divino e a Cura em todas as suas formas. O mundo é a beleza manifestada do Criador. Os Orixás, os Santos, os Animais de Poder são também manifestações divinas: cada cultura enxerga melhor o Sagrado de acordo com a sua visão. E nisso nenhum ser humano é melhor ou pior do que ninguém; apenas há visões diferentes de uma mesma figura.

Já é difícil cuidarmos das nossas próprias vidas, agora entrar em uma posição de juiz e, pior, querer ser Deus para julgar e condenar o outro apenas por ser diferente é uma forma de deixarmos nossos sentimentos mais insanos e desvirtuados saírem, contrariando tudo que as religiões nos ensinam. Acreditar que carregamos a única verdade é brincar de ser Deus e transformar manifestações divinas em aberrações criadas somente pela mente putrefata daquele que está perdido, somente pensando em poder.

"A magia não é algo sobrenatural, nem de forças maléficas, ela está em tudo e segue a humanidade e a vida desde que ela deu seus primeiros passos. Magia é algo natural, e começou com o desabrochar de uma rosa, até a maciez de um fruto colhido no pé de uma árvore. Essa força é vida, é energia de dentro de tudo, manipular é arte e é preciso saber: não é para todos, mas para aqueles que estão prontos aos olhos de Deus. A vida é magia, o respirar é magia, a luz do Sol é Divina. Tudo se encontra no equilíbrio exato" – **Caboclo Sete Léguas**.

Os Animais de Poder e os Orixás

Não há como falar de Animais de Poder sem mencionar a relação ancestral entre os Grandes Anciãos Africanos, que são um dos mais antigos xamãs do mundo, e os Animais. Mesmo que muitos tentem apagar, ou não citar, a cultura africana influenciou significativamente o mundo ocidental, mas, em virtude de um racismo estrutural, em vários lugares a história de diversos relatos foi apagada. Um exemplo é a influência que a cultura egípcia – não só ela, mas em grande parte – influenciou muito as culturas grega, romana e árabe, como já visto no meu primeiro livro, *O Poder Oculto das Ervas – Alquimia Ancestral* (Madras Editora).

Os povos Bantos, Yorubás e várias outras culturas constituíram a maior parte do contingente populacional da África, englobando toda a África Subsaariana (África Oriental, Ocidental, Central e Meridional), habitando uma vasta região, com diferentes modos de vida e culturas. Isso em razão da influência natural das regiões, que vão desde grandes florestas e savanas com grandes redes fluviais até desertos.

A relação com os animais e a terra sempre foi muito bem resolvida e respeitada, em virtude do entendimento com o pastoreio, a caça e o relacionamento com todos os animais da floresta. A Sabedoria Ancestral entendia, e ainda entende, que há uma troca energética entre humanos e animais, sabendo que cada pessoa tem seu instinto animal dentro de seu espírito e de sua alma. O respeito aos animais é enorme, pois são eles que fornecem sua carne como alimento para todas as pessoas da família. Os Yorubás e os Bantos dizem que a terra é sagrada, então tudo que ela nos fornece também é sagrado, como plantas, terra, caça, água, etc.

Como umbandista, vou colocar a minha visão neste livro de como me relaciono com os Orixás e a Magia Natural, também, como meus Mestres me ensinam. Aqui não existe verdade absoluta, nem muito menos a soberba, mas uma visão simples e singela por um olhar de um umbandista que acredita, estuda e vive os Orixás em seu coração, como a manifestação do Divino, de Deus, Olorum, Tupã, Zambi, Grande Espírito, Gaia, Nhanderu, Olodumaré, etc.

Assim como ocorre com as plantas, com as pedras de poder (cristais) e até mesmo conosco, seres humanos, que acreditamos nos Orixás, somos todos regidos por Pais e Mães Orixás: com os animais, acontece a mesma coisa. A diferença é que, embora sejam regidos pelos mesmos Orixás que nós, os animais são uma consciência mais ancestral, instintiva, primitiva e rústica. Os animais não são inferiores nem menosprezados, há o entendimento de que sua consciência é tão importante quanto a nossa, e eles têm muita sabedoria a nos passar. Esses animais possuem o *Axé Ancestral*, ligado a um ou mais Orixás. Esse Axé primitivo e indomável busca resgatar o homem à sua essência que é natural, ou seja, que está relacionada à Natureza e aos ciclos da vida; que ajuda no resgate da intuição e de alguns comportamentos mais naturais e menos fantasiosos da humanidade. Posteriormente, falarei sobre o conceito de Animais de Poder – Alquimia Ancestral, criado com a ajuda dos Mestres Espirituais que me acompanham. Vou descrever o *Axé Ancestral* dos animais (espírito instintivo e primitivo animal); junto à sua ligação ancestral, há um Pai ou Mãe Orixá.

Quando refletimos sobre Animais de Poder, na cultura dos Orixás, pensamos nos fragmentos individuais de cada pessoa, que são a energia resultante do instinto com a mente e a emoção; são coisas que formam um ser que se equilibra com o Axé da vida. Entender sua energia instintiva e mais primitiva é compreender como era a vida de nossos ancestrais, aceitando também seus instintos, os quais são reflexos que nos ajudam na percepção do agora. Pai Antônio me contou que na sociedade onde ele viveu na África, além dos Animais de Poder individuais, existia um Animal que era a ancestralidade da família toda, o qual guardava, e ainda guarda, as famílias. Esse animal faz rondas e auxilia no cuidado de todos.

Toda religião no mundo tem um objetivo, o qual, mesmo que não seja falado abertamente, é: *"Fazer com que a humanidade seja mais humana e tenha uma melhora em sua consciência individual e coletiva"*, isto é, ter uma consciência aberta para um mundo mais cheio de Amor, Esperança, Caridade, Compaixão, Empatia, etc. Com isso, entendemos que é extremamente necessário tratar não só os animais, mas também tudo e todos com respeito. Entendemos que os animais também têm sua consciência, seu fundamento e sua missão aqui na Terra. A Lei Divina é muito maior perante nossa mente e pensamentos desalinhados e limitados, mesmo que, ainda assim, tentemos explicar tudo. Compreendo que muitas coisas não precisam ser explicadas, da mesma forma que Mistérios Divinos são Mistérios e não há palavras para definir a sabedoria de Zambi. Por isso, aqui preferimos andar pelo meio das trilhas, explicando o superficial, para que cada um possa, por si e pelo templo Divino que cada um é, poder encontrar seu caminho.

"A força e o Amô de Nosso Sinhô é algo leve como o peso de um beija-flor, mas tão grande quanto o peso e a memória de um elefante. É algo tão feliz como o Amô de um cachorro, mas tão misterioso como um gato. É protetô como uma onça com sua cria, mas é amável como o andar de um esquilo. O Amô é singelo como o olhar simples para a Natureza. Sabe, ele é Firme como um gorila, mas é calmo como o nadar de uma baleia. A vida é o ocorrer de um dia na Natureza sem se apreocupá com as coisas de amanhã, e muito menos se entristece com as coisas de ontem. É respira o dia de hoje e agradecê pelo chão que pisa hoje. Viva como um animal. Sem pressa e sem rancô. Mas pense com o Amô que uma Mãe tem pro seu fio. A natureza ensina. É só suncê querer vê" – **Pai Antônio de Aruanda**, psicografado, 5/11/2020.

Sacrifício Animal

Quando falamos em Animais de Poder e os Orixás, já vêm à mente os sacrifícios animais. Aqui há um preconceito enorme, inserido na população há muito tempo. E, sim, é algo estrutural e racial que acompanha esse preconceito. Digo isso, pois existem várias culturas, até mesmo o Catolicismo, que praticam sacrifício animal. Um exemplo é a ceia natalina, recheada de aves, leitões, carneiros e vários pratos de origem animal, os quais são sacrificados para entrar em comunhão com Jesus e seus familiares. E se tudo isso incomoda, acho que é o momento de você virar vegetariano ou vegano.

Várias outras culturas, como a do Islã, têm todo um ritual para fazer o abatimento de aves e bovinos, chamado Halal. No Judaísmo, existe o Kasher ou Kosher, que é o abate de animais, seguindo um ritual na preparação de alimentos de acordo com as leis judaicas de alimentação. Então, fica a pergunta: *Por que não se comenta nada dessas religiões, mas apenas há o preconceito com as religiões de matriz africana e nativas das Américas?* A resposta é bem fácil: por causa de um racismo estrutural, sem fundamento algum, que acompanha a sociedade.

Para elucidar a prática de sacrifício animal na cultura dos Orixás, apesar de eu não realizá-la, compreendo que algumas culturas a pratiquem e as respeito. Vamos entender que os animais não são abatidos a "esmo" e é feita uma carnificina, como é pregado aos quatro cantos do mundo. A palavra já diz: *sacro ofício* é um procedimento **SAGRADO**, o qual exige muita concentração, preparação, amor e respeito pela vida que está ali, pois integra um conceito religioso, em que esse animal será dedicado a Zambi e depois saciará a fome de todos.

Primeiramente, devemos entender que antes dessa sociedade moderna que conhecemos hoje, não existiam açougues. Cada família tinha seus próprios animais para consumo, no quintal de sua casa – vale dizer que, ainda hoje, na África e em algumas regiões do Brasil, essa prática ainda persiste. Também os alimentos eram, muito tempo atrás, a única coisa que se tinha de valor para dar em agradecimento ou pedido a Deus e às Divindades. Esses animais, oferecidos às manifestações Divinas do Criador, aos Sagrados Pais e Mães Orixás e às Forças Naturais, tinham todo um cuidado especial na sua alimentação e no seu abate. Em seguida, era oferecida uma parte de sua carne à Divindade e a outra era consumida pela própria família, em respeito ao Espírito do Animal que cedeu seu Axé vital para agradar às Divindades e saciar a fome de todos. O animal não era em nenhum momento desrespeitado, até mesmo na caça; quando se conseguia abater um animal, agradecia-se ao

Orixá/Divindade regente pela graça recebida, agradecia-se ao *Espírito Animal* por ceder seu *Axé Ancestral* para sustentar toda a família.

Como diz o sacerdote de Umbanda Sagrada, Alexandre Cumino, no seu livro *Exu Não é Diabo*, da Madras Editora:

"É uma grande hipocrisia um carnívoro criticar um sacrifício animal. Sacrifício é um sacro ofício, um ofício sagrado, algo milenar que vem de um tempo em que o homem não tinha nada de valor, além da sua família, sua comida e sua fé... O sacrifício animal não é, por si só, magia negativa. Quando praticado em seu fundamento, deve ser rápido e o mais indolor possível, realizado em ambiente e contexto sagrado, de amor e reverência. Em magia negativa, se explora o sofrimento do animal para projetá-lo em alguém, se tira o sangue para abrir portais negativos. Logo, devemos sempre pensar e conhecer antes de prejulgar".

Pois bem, se o sacrifício animal o incomoda, não coma carne nem pratique rituais religiosos. Mas antes de criticar e destilar o ódio e o preconceito aos ventos, entenda o outro, estude e não apenas reproduza "conhecimentos" vagos, sem nenhum fundamento, com base no achismo. Na cultura dos Orixás, o bem máximo é a vida, por isso toda e qualquer manifestação de Axé Vital é importante e bem respeitada, para quem segue e tem uma relação positiva com a vida e, consequentemente, com os animais.

"A força do Nosso Sinhô tá dentro do coração de cada um que vem cum Amô pela Terra. Caminha cum força pá sê o que tem que sê. Num guarde rancô no vosso coração, num guarda tristeza e num guarda farta de formosura. Seja sincera cum suncê e siga nos caminho da vida. A verdade é o que o seu coração coloca com fé e amô. O milagre é vosso pensadô com vosso coração que faz. Sinta a brisa do mar, a fofura da areia e o abraço de Mãe Iemanjá. Acenda o candeeiro da vossa fé e do vosso coração que num há tristeza no mundo que apaga esse abrasadô" – **Pai Manoel**, psicografado, 11/2/2021.

As Quatro Direções Xamânicas

As quatro direções xamânicas nas culturas nativas norte-americanas eram e ainda são guardadas por quatro Animais Totens. Os totens são elementos cosmológicos que nos mostram nossos princípios mais ancestrais. Na cultura norte-americana, cada pessoa tem seu totem pessoal, isto é, possui um animal ancestral que é seu protetor pessoal e a auxilia na interação e nas trilhas da vida.

O Animal de Poder é o arquétipo de nossa energia. Os Mestres do Norte dizem que, quando adoecemos, perdemos pedaços de nossa alma ou acumulamos energias negativas no percorrer de nossa existência, e isso faz com que nosso Animal de Poder se afaste. Para que essa situação não ocorra, a humanidade deve estar ligada às quatro direções da vida e tentar se manter dentro da verdade em relação a si mesma. Porque ser aquilo que você não veio para ser é mentir para a vida. Isso anula nossa existência e fecha as portas para a verdadeira trilha vital. Mentir para si é afastar-se do Caminho Vermelho.

O Sul, que simboliza o ponto do nascimento, é guardado pelo Grande Totem do Avô Lobo, que está relacionado com a nossa criança interior. Mostra a lealdade, a alegria e é o protetor da família, está associado à Fé e à Criação em sua Sabedoria Ancestral. Liga-nos ao nosso emocional no que tange aos outros aspectos da existência. É aqui que entramos na roda da vida.

O Oeste, que simboliza o silêncio, o ciclo da vida e da morte, é guardado pelo Grande Totem do Avô Urso, que hiberna para nutrir a alma e encontrar o autoconhecimento para renascer novamente na primavera. Ele mostra também o desapego das coisas materiais, a transformação e uma entrega para algo muito maior, que é a eternidade do espírito. Traz a realização das coisas na matéria. Ensina como nos relacionamos com o nosso conhecimento para trazer essa abundância para a matéria. Aqui é onde o Grande Avô Sol se põe e traz o entendimento que devemos dar espaço para novos horizontes.

No Norte está a Sabedoria Ancestral, o conhecimento do Sagrado guardado pelo Grande Totem Avô Búfalo, que traz a abundância. Aqui, precisamos estar atentos à revelação do Conhecimento Divino, mantendo-nos em equilíbrio, ouvindo a intuição e a gentileza da alma. Aqui está a paciência, bem como o ensinamento de que a humanidade precisa parar e ouvir o Grande Espírito a fim de aprender. Neste ponto, observa-se a relação espiritual que temos com nosso Criador, como fazemos a ligação e a ponte com o Grande Espírito. Estamos na fase do auge da força física e do vigor, é por meio dessa força que devemos buscar sermos de verdade e construir a ponte para alcançar o Sagrado.

O Leste, que é o despertar da consciência, o sentido de liberdade, é guardado pelo Grande Totem da Avó Águia. Ela traz o despertar e a iluminação, ensinando que a liberdade também conduz a grandes responsabilidades. É um novo olhar mais longínquo, que acorda a criatividade, a audácia, é o alçar voos para as maravilhas do mundo, trazendo a expansão da mente para as várias verdades do mundo. Desperta todo nosso mental e a visão para algo muito maior. Aqui é onde surgem novos aprendizados, pois olhamos de uma forma mais ampla e damos a chance ao renascimento alçando novos voos.

Nas religiões cristãs, Deus é Trindade: Pai, Filho e Espírito Santo. Mas nas tradições mais antigas, o número quatro traz a ligação e a definição do Sagrado, a partir de pares. Tudo isso está interligado: o Sagrado permeia o Profano e o Profano permeia o Sagrado, isto é, o Espiritual permeia a Matéria e a Matéria permeia o Espiritual. É nessa interação que o mental e as emoções nos ensinam a ter bom senso para trilhar caminhos corretos e aos bons olhos de Olorum, Zambi, Grande Espírito, a fim de que possamos abrir nossa consciência para um experimentar puro, singelo e sincero da vida.

A ligação é mantida pela Grande Avó Aranha, que liga tudo e todos, auxiliando na passagem e no encontro de cada energia, de cada centelha desse universo. Essa ligação traz o respeito e o entendimento para com o outro. Uma floresta só cresce quando todos compreendem seu papel na natureza. O pinheiro nasce frondoso, a gralha-azul derruba suas pinhas e espalha a vida por onde passa, e a teia da aranha tece nossa ligação ancestral.

"Cada um de vocês tem um Animal de Poder Totem, é Ele que vai ajudar a trazer os outros animais para auxiliar no seu desenvolvimento. Ele é o intermediador. Totem é a sua Ancestralidade" – **Caboclo Ubiratã**.

"Fique sempre atento aos seus sentimentos mais profundos, mesmo que você não saiba, eles estão lá, a mente pode provocar peças na sua cabeça, só o Amor primordial do Grande Espírito irá trazer a certeza, a Fé e Esperança aos seus corações. Muito foi tirado dos peles-vermelhas, mas Ele, mesmo sem a gente saber, foi sempre bondoso, seus Mistérios não são todos que sabem, mas a vida é um Mistério Divino e deve ser aproveitada, e sempre ser vivida de forma respeitosa e harmoniosa com tudo" – **Caboclo Tupinanguara**, 28/4/2020.

Dikenga e o Ciclo da Vida

Antes de eu começar a falar sobre esta minha percepção e a interligação entre as quatro direções sagradas e os Animais de Poder, indico a leitura da tese de doutorado *A Cosmologia Africana dos Bantu-Kongo por Bunseki Fu-Kiau: Tradução Negra, Reflexões e Diálogos a partir do Brasil*, de Tiganá Santana Neves Santos.[3]

É óbvio que o Dikenga e a vivência de saberes ancestrais vão muito além do que está escrito nas páginas deste livro. Mas aqui há uma forma de ver esses ensinamentos, os quais Pai Antônio me incentivou a buscar. Quando comecei a ler o trabalho citado acima, entendi muito do que Ele sempre me diz sobre a Terra, Nkisi, Orixás, o Caminho, Animais, e tudo o que a vida proporciona de ligação com a Sabedoria Ancestral e mais primitiva do planeta.

Nas palavras de Pai Antônio: *"Dikenga é a evolução do caminho da vida, onde o centro da encruzilhada é você, e o Sol caminha aquecendo e iluminando e escurecendo tudo"*. Pai Antônio sempre foi muito simples e singelo em suas explicações; cada pequena frase, em quantidade de palavras, é enorme em significados e metáforas que explicam a vida.

O mundo espiritual e o mundo material convergem o tempo todo. Nossos ancestrais estão ao nosso lado o tempo que eles quiserem, auxiliando e guiando nossos passos, para que nos tornemos grandes tradutores e interlocutores de nossa própria vida e, assim, possamos ensinar aos outros o caminho de encontro e bem-estar com Zambi. Zambi está

---

[3]. SANTOS, Tiganá Santana Neves. "A cosmologia africana dos Bantu-Kongo por Bunseki Fu-Kiau: tradução negra, reflexões e diálogos a partir do Brasil." Tese (Doutorado em Estudos da Tradução) – Faculdade de Filosofia, Letras e Ciências Humanas, Universidade de São Paulo, São Paulo, 2019.

em tudo e em todos. Nossas raízes devem ser firmes no chão para conseguir acessar todo o Baobá e nossa Ancestralidade. Nós somos mestres de nós mesmos também, é isso que os Grandes Ngangas dizem.

Na cultura Banto, a terra é muito importante, por esse motivo não se discute a sua propriedade. Esse pensamento diz que a humanidade não é dona da terra, mas, em vez disso, que nós pertencemos a ela. É a terra quem sustenta nossas raízes, enquanto o Sol e a Lua iluminam nossos caminhos. A humanidade torna-se estéril e insalubre quando se afasta e se separa da terra. E o entendimento dos ciclos vitais ensina como se relacionar de forma saudável, equilibrada e amável com toda a vida, seja ela material, seja imaterial.

Na visão Banto, nós, seres humanos, somos sistemas complexos que interagem com vários outros sistemas, os quais regem uma rede complexa de vida e troca de saberes ancestrais. Com isso, também entendemos que nossos saberes são tanto espirituais quanto materiais, pois somos reflexos de todas as nossas relações. Rios, florestas, animais, cachoeiras, montanhas, etc. são nossos *Ancestrais*. Isso acarreta um erro de interpretação, achando que eles foram humanos. Mas nos saberes primitivos, isso quer dizer que eles são os nossos avós e sustentam toda a humanidade, pois eles chegaram antes de nós, humanos, a este planeta.

A vida tem seu começo, na concepção e na gestação, no **Musoni**, onde nos preparamos para adentrar o ciclo reencarnacionista novamente, a fim de obter novas experiências e aumentar nossos novelos de sabedoria. Aqui é onde os Orixás nos preparam para a nova vida. Em seguida, temos o nascimento e o início dos nossos aprendizados, **Kala**. Nesse momento, começamos nossos novos desenvolvimentos, são fases de várias transformações, consolidações, novas visões de mundo e desconstruções. Em uma terceira etapa, estamos em **Tukula**, o amadurecimento de nossos saberes, e o auge da força e da vitalidade da vida. Nessa fase, começamos as nossas conexões ancestrais e desenvolvemos toda a nossa capacidade. Na última etapa, **Luvemba**, mas não a final, temos a consolidação dos nossos saberes e a firmeza de nossa maturidade. Nesse momento, Luvemba começa a morte material e a entrada mais uma vez no mundo espiritual, ou seja, é a preparação para mais uma espiral de conhecimento, que será gravada em nosso Ori. No Luvemba, entendemos sobre a infinidade da vida.

Cada um de nós é um Dikenga, um sistema de gestação; nascimento e aprendizado; vitalidade e apogeu; morte e sabedoria. É como o Sol que nasce, chega ao seu ápice e se põe no horizonte, no mar. Assim é a vida, assim são todas as nossas relações, aprendizados e experiências. Cada um de nós fazendo a sua história para se tornar um bom Ancestral. A Kalunga é a linha que separa a vida material e a vida espiritual; é por meio dela que se nasce para o mundo espiritual e se morre para o mundo material, e vice-versa.

Gostaria de deixar dois ditados Kongo aqui para reflexão:

Primeiro – *"Não se vai mais longe sem passar pela morte!"*

Segundo – *"O que você pensa pertence a você, mas o que você diz pertence ao público!"*

Somos seres tanto de energia quanto de matéria, somos não só espírito, como também emoções. Assim, devemos ter equilíbrio e leveza para andar neste mundo e sermos fontes de Conhecimentos Ancestrais, para que, então, possamos ser bons ancestrais, e não aqueles que atrapalham e competem com a sociedade.

Devemos esclarecer e não confundir; somar e não diminuir; dividir e não acumular; respeitar e não magoar; incluir e não excluir, a fim de que, enfim, possamos aprender para poder ensinar.

"Tudo mundo nesta Terra é e faz parte da mesma tribo, memo que às veiz ache que nasceu no lugá errado. Tudo que tá aqui tá no momento certo e na hora certa. Deus num erra não, muito menos se engana. Pisa firme na vida e tenha paciência pá colhe os bom fruto da árvore do conhecimento.

Pá conhecê tem que estudá, e pá fazê aprendedô da vida o ensinadô é os caminhos que vóis caminha, e num importa o tempo, uma hora vóis vai fica na frente de seu Criadô e vai agradece por tudo. Pois foi os caminho da vida que fez suncê sê a pessoa e o Amor da Luiz que vóis é. Num se apreocupe com velocidade, mas, sim, com a qualidade. Firma a cabeça em Oxalá que Ogum ajuda nos caminho" – **Preto-Velho Pai Joaquim de Angola**, psicografado em 19/11/2020.

"Paciência, fio, é como voismicê assa um bolo, sabe?!
Vóis tem que separá tudo os ingrediente, tem que escoiê com cuidado, pegá o mió que vóis pode. Mistura tudo com muito cuidado e zelo, mexe bem e depois amassa, amassa, amassa e amassa mais um pouquinho. E depois já coloca o bolo na forma, com o fogo já aceso. E depois de assado tem que espera o bolo esfria pá pode come. Num é? E isso é a vida. Vóis tem que escoie os mió ingrediente, que são os amigo, escoiê mió os caminho da vida, que é as mistura que suncê faiz. Ter paciência pá amassa e refreti no pensadô o acontecimento da vida. A forma é a vida, o fogo é Zambi dando fé, amor, conhecimento, justiça, lei, evolução e criatividade pá suncê crescê e ficá lindo e formoso, e depois que as coisa esfria é como suncê entende que esfriô os miolo e abre o zóio e ainda tem a eternidade pá pode experimentá as delícia da eternidade do espirituá" – **Preta-Velha Vó Conga do Cruzeiro**, psicografado em 19/11/2020.

Doenças e Animais de Poder

No livro *O Poder Oculto das Ervas – Alquimia Ancestral*, entro um pouquinho mais a fundo na retroalimentação da doença, fica então aqui a dica para estudar o primeiro livro.

Na cultura xamânica e dos Ancestrais, a cura é muito mais que apenas o restabelecimento na matéria. É o resgate da alma, do espírito, da mente e do corpo. Acredita-se que todos os eventos que ocorrem em nossa vida, até mesmo os externos, são propósitos de nosso interior, e todos esses acontecimentos trazem uma experiência única e individual. Mesmo aqueles acidentes que acreditamos serem fatalidades são acontecimentos que vieram à tona em razão do pensamento e do sentimento descontrolado de apego, destruição, falta de fé e tantos outros pensamentos desvirtuados. Esses sentimentos negativos, além de fazerem pequenos buracos em nosso campo áurico, começam a atrair problemas e insalubridades.

Eu vou mencionar aqui uma mito cherokee, "A Lenda dos Dois Lobos", contada de um ancião para seu neto:

"Um jovem menino chega à sua aldeia frustrado e com muita raiva, e vai ao seu ancião perguntar sobre esses sentimentos que o assombram. O velho sábio diz: – Eu mesmo algumas vezes sinto esse sentimento de ódio, rancor e raiva, mas não deixo isso tomar conta do Meu Ser, porque deixar esse sentimento tomar conta do que você é a mesma coisa que tomar venenos em pequenas doses. Não matará em instantes, mas vai fazer você sofrer até o fim de seus dias. Lute contra esses sentimentos.

Com isso ele retorna a dizer que existem Dois Lobos dentro de cada Ser, um que simboliza o bem (positivo) e outro o mal (negativo). O lobo 'bom' é aquele que anda em harmonia com todos ao seu redor, que não ataca sem necessidade e traz a compreensão. O lobo 'mau' é aquele que destila rancor, réceio, autodefesa desregulada, que causa instantes de ira desenfreados. E ambos estão lutando entre si para conseguir dominar nossa alma e nosso espírito. E o que irá vencer dependerá de qual será alimentado".

Relatei brevemente essa narrativa, tão antiga que já se perdeu quem é o seu autor, mas o que importa é o conceito, bem como a sabedoria dela. Aqui vemos nossa polarização, a dualidade que todos os seres humanos possuem quando estão encarnados e vivendo uma experiência terrena. Não há nada de errado nessa dualidade, o problema é quando nos tornamos um robô e não conseguimos controlar nossos sentimentos mais obscuros. Quando eles começam a dominar nossas atitudes, além de nos prejudicar, acabam atrapalhando aqueles com quem convivemos e, pior, machucando as pessoas que mais amamos.

Mas, lendo essa lenda, logo vem à cabeça que é preciso matar o lobo "mau" de fome. Isso realmente seria o mais racional a se fazer? É óbvio que não, parece retórico e estranho o que vou dizer, mas, ao fazer isso, você estará dando ainda mais força ao lobo negativo, e ele renascerá bem mais forte e destruidor. Acredito que o caminho é andar pelo meio, como o Mestre Buda nos ensinou. Alimentar ambos de forma racional e coesa, utilizando o bom senso, acredito ser a melhor opção. Todos têm o seu merecimento e sua contribuição no nosso ser, tudo é sustentável e renovável em nossas vidas, basta sabermos como agir.

Aonde quero chegar com tudo isso? Quero mostrar que a positividade em demasia também pode trazer doenças, assim como o excesso de negatividade é a causa de enfermidades. Além disso, o não controle dessas negatividades e positividades pode levar à morte da nossa alma e destroçar todo o nosso ser. Tudo o que é demais faz mal.

Afirmo que quando nos esquecemos de alimentar nosso *animal interior luminoso*, ele acaba se afastando de nós e deixa nosso animal sombra se manifestar com mais intensidade. Como estaremos vazios de nosso ser luminoso, preencheremos com as sombras de nossas animalidades mais obscuras. Aqui já se mostra a junção de dois conceitos: o primeiro é que, quando alimentamos mais um animal do que o outro, isso traz desequilíbrios que vão levar a diversas doenças, as quais podem permear desde o material até o espiritual. E o segundo ocorre quando o nosso *animal luminoso* se afasta. Como ele é nosso protetor, nos ensina de várias formas a caminhar pelas trilhas e selvas da vida, também a lutar com tudo aquilo que nos paralisa. À medida que ele vai se afastando, as ondas negativas chegam aos montes, prejudicando e afetando todo o nosso contexto espiritual, mental, emocional, e manifestando em nosso corpo as doenças.

Pense que aquilo que está vazio pode ser preenchido. Agora é a sua escolha: com o que irá preencher esse vazio? Esse é seu caminho e de mais ninguém. Percorra-o com sabedoria.

A forma de combatermos nossas negatividades não é guardando as coisas em uma gaveta à qual não temos acesso, a fim de que nunca mais sejam tocadas. Varrer tudo sempre para debaixo do tapete não vai solucionar nada, apenas nos trará ressentimento, desprezo e angústia por não aceitarmos nossas negatividades. Esquecer nossos problemas ou defeitos não é curá-los.

Faltar com a verdade, tanto para si quanto para os outros, é anular-se. Quando não aceitamos nossas epifanias e neuroses, acabamos vestindo a máscara da mentira para agradar aos outros, portanto, mentimos primeiramente para nós e, em seguida, para o outro. Você anula sua própria vida ao ser quem não é, mesmo havendo algum tipo de "desculpa" para tal. Quando isso ocorre, é fechada a porta para a verdadeira existência; é o mesmo que esquecer o interior da sua alma.

Quando isso acontece, o *animal luminoso* se afasta. Mas não é porque ele está irritado, e sim porque quando escolhemos as sendas mais negativas, ele quer nos mostrar que, para sentir a verdadeira Luz, muitas vezes, precisamos de abstinência de luminosidade, a fim de que possamos enxergar aquela luz interna que, na realidade, nunca se apagou.

O segundo conceito é que o *animal sombra* é reflexo de nossos medos internos, neuroses, sentimentos mal resolvidos, ódios, etc. E por incrível que pareça, ele também é nosso protetor. Ele nos ajuda a reagir a várias atitudes que não são coesas com o nosso ser, mostrando nossos defeitos e, inclusive, os defeitos dos outros, para não sermos feitos de bobos. Quando aceitamos e vemos que algo é nosso, que essa dualidade dos nossos pensamentos é normal, entendemos que precisamos nos melhorar para adquirir uma consciência plena e firme. Esses animais coexistem, trazendo toda uma vida repleta de *Sabedoria Ancestral* para o enfrentamento desses negativismos que foram refutados e, agora, foram iluminados tanto pela Luz que estava na escuridão, protegendo-o, que é o seu *animal sombra,* como pela Luz do *animal luminoso* que veio dar suporte a você, que precisa se curar e prosperar na vida. Ambos vão ajudá-lo a andar em equilíbrio.

"A felicidade não está fora de vós, ela está dentro do vosso coração. E a felicidade é como vós enxergais o mundo" – **Pai Antônio de Aruanda**.

O Que é Cura? Cura Espiritual?

O significado de cura é o restabelecimento da saúde, é o retorno do equilíbrio em algo que por algum motivo entrou em desordem e em desequilíbrio. Fisiologicamente, os medicamentos restabelecem a ordem e o equilíbrio do sistema.

Agora falando de Cura Espiritual: o que é?

Antes de falarmos de cura, precisamos estabelecer o que é desequilíbrio espiritual, que pode, sem medo de errar, ser uma das causas de problemas físicos de saúde. Tudo está ligado e tecido na Teia da Vida, pois somos a encruzilhada dos mundos também.

Problemas espirituais podem acontecer de várias formas: obsessões espirituais por encarnados e desencarnados, originados por demandas ou não, formas de pensamentos negativos, que se acumulam em miasmas, cascões e larvas astrais, também podem ser causados pelo excesso de energia positiva, o que faz com que o copo transborde, igualmente trazendo problemas. Todo o excesso faz mal, isso vemos com os ensinamentos de Buda.

Para curar o excesso de energia positiva, podemos fazer: um simples descarrego com sal grosso e ervas em banhos ou defumações, um passe energético, banhos com água de cachoeira, de mar, ou o que acho mais interessante, junto às ervas, banho de água de poço, que ajuda a descarregar e decantar esses excessos.

Agora, falando em obsessões e demandas, todo mundo quer afastar, desligar e expulsar os espíritos "maus", sejam eles encarnados ou desencarnados – aqui, especificamente, os desencarnados – para bem longe. Mas como podemos falar de caridade, responsabilidade, empatia e cura, com a simples vontade de "meter o pé na bunda desses irmãos"?! Obviamente, existem pessoas que devem ser tratadas com mais firmeza, mas isso não significa desrespeito. Crer que o outro é pior que você é se esquecer de olhar para o seu próprio umbigo.

Acredito que, quando temos esses pensamentos, ainda não entendemos nada sobre cura espiritual e, muito menos, sobre caridade e nós mesmos. Esses pensamentos, cheios de egos e orgulho, nos posicionam como melhores e acima desses irmãos que estão ali. Sem sabermos o motivo, já nos colocamos a julgá-los e esquecemos que, pela Lei da Afinidade, fomos nós mesmos, com nossos pensamentos egoístas, egoicos e cheios de esquisitices, que os atraímos. E quando falamos de terreiros, este é um local de amparo e de cuidado, portanto, deve estar de portas abertas para aqueles que QUEREM se curar.

Então, uma desobsessão não é apenas um afastamento. Se fosse só isso, não seria cura, muito menos caridade e amor. A desobsessão é o desligamento do obsessor, mas também seu ENCAMINHAMENTO, prestando todo o auxílio a esse irmão que, por algum motivo, se desvirtuou do caminho certo. É ajudá-lo a adquirir consciência para, pelo menos, não cometer os mesmos erros e continuar sempre com sua caminhada.

Quem na vida nunca cometeu erros? Então quem somos nós para nos acharmos melhores que os outros? Nosso querido Mestre Jesus já disse: "Quem nunca pecou que atire a primeira pedra".

Depois disso, mas em paralelo, o tratamento do obsediado também deve ser acompanhado. Deve-se ensinar que somos responsáveis por nossos atos, e não devemos apenas culpar terceiros. Quem mandou fazer a demanda, esse, sim, deve responder à Lei Divina. Porém, não somos nós quem damos a sentença, e sim Ogum e Iansã, especificamente é julgado por Xangô e Egunitá.

O que quero dizer é que se nos mantivermos equilibrados e com bons pensamentos nenhuma demanda chegará. Mas nem sempre somos assim, estamos encarnados e é normal deslizes, mas devemos ter consciência e analisar nossas atitudes, retirar o ego e o orgulho, pedir e aceitar ajuda. Não nos acharmos melhores nem piores que os outros, mas termos ciência de que estamos em uma estrada na qual escolhemos quem caminha conosco e onde cada um tem seu tempo.

Não existe cura se não mudarmos nossos pensamentos e atitudes, não há como alcançar resultados diferentes praticando e sendo o mesmo de antes.

Permita-se, acredite, tenha Fé que Olorum, Zambi, Grande Espírito; Deus olha sempre por nós.

"*A força de cada um vem do coração, vem de dentro, a coragem para movimentar vem do coração. O movimento e a força vêm do coração. A alegria, a sabedoria e toda a energia para concretizar vêm do coração. Mas se não tiver razão, não adianta ter só emoção. Emoção motiva, mas a razão concretiza. Saiba que um depende do outro. Mas sem coração não se tem razão e sem razão não se tem coração*" – **Caboclo Ubiratã**.

Alquimia Ancestral – Animais de Poder

O conceito de Alquimia Ancestral é o resgate de um saber antigo, de uma sabedoria que sempre nos acompanhou, mas a humanidade acabou colocando a materialidade nos olhos como foco principal. Por esse motivo, acabamos não enxergando muito além do nosso nariz. Eu, como umbandista, praticante de uma religião natural, descobri um pouco do que vim fazer aqui nesta Terra, também aprendi a olhar mais além do que os olhos alcançam. Junto aos Mestres que me acompanham, desenvolvi alguns conceitos já presentes no meu primeiro livro, *O Poder Oculto das Ervas – Alquimia Ancestral*. Aqui, vamos discorrer sobre os Animais de Poder.

Antes de começar, vou mencionar os conceitos de **religiões mentais** e **naturais**, para ficar fácil o entendimento da nossa relação com a Natureza e com os Orixás.

Religiões mentais: são religiões baseadas na ética e na moralidade. E isso é um princípio humano básico da convivência. Usa-se magia, mas de uma forma velada e, muitas vezes, o contato com o Sagrado é apenas por meio da mente ou de orações.

Religiões naturais: são religiões baseadas na ética e na moralidade, mas têm a Natureza como seu ponto de força, onde se dá o contato com o Deus e a Deusa, ou seja, a Natureza é o Sagrado. É a visão de que tudo que nos rodeia é Sagrado e mágico. Normalmente, têm a Magia inserida em seu contexto sem nenhum pudor. As religiões naturais celebram a vida com danças, rituais e festas, porque a vida material também é uma dádiva.

Os Orixás são representações divinas puras de Zambi, com suas forças assentadas na Natureza. Eles foram humanizados e ganharam uma figura antropomórfica para ficar mais fácil nosso entendimento e o contato com algo que não conseguimos descrever em palavras, mas sentir com tanto amor e respeito. Sigo a Ciência Teológica do grande Rubens Saraceni, que nos revelou vários mistérios por meio de psicografias e livros inspirados em Pai Benedito de Aruanda, bem como tantos outros Mestres da Luz do Saber. Com isso, entendo que cada Orixá é um Trono Divino que nos preenche, cada um com sua irradiação Divina. Os Orixás também envolvem toda a criação Divina de acordo com a Lei Maior.

Não há como viver a experiência de religiões naturais, ou de uma Espiritualidade Natural, sem ter contato com as forças da Natureza. Os animais são uma delas. A humanidade é natural; o afastar-se da Natureza trouxe tristeza e sofrimento, mas a interação com os Orixás traz o contato direto com Zambi e toda a criação. Louvar Olorum é cuidar da Natureza e respeitar a Humanidade e tudo o que nos cerca, pois tudo é criação d'Ele(a).

Quem tem a mediunidade de visão aguçada, consegue muito bem visualizar a interação dos Mestres com os Animais de Poder, que também estão presentes no Astral. Essa relação é de parceria mútua, na qual todos se beneficiam e um ajuda o outro.

Por isso, a Alquimia Ancestral tem uma relação mental e natural com os Animais de Poder, que também são nossos Mestres, Mentores e Protetores. Aqui, nossa relação com os *Mestres Animais* difere da encontrada no Xamanismo, não precisamos incorporar ou dançar com o animal, mesmo entendendo que isso também é possível. O contato é mais simples, sendo uma forma de eles ensinarem sua sabedoria por meio de conversas, que vão além das palavras, ou com a sua presença e emanação de sentimento para conosco.

Muitas pessoas com a sua consciência pequena acreditam que os Animais de Poder são menos do que nós, humanos. Eu afirmo com convicção que estão erradas. Os animais têm uma consciência diferente da nossa, por isso não conseguimos explicá-la e, de verdade, acredito que nem é necessária tanta explicação, mas convivência, porque só assim teremos um relacionamento profundo com eles. Os animais carregam uma sabedoria muito além do que imaginamos. A humanidade racional tem mania de querer comparar tudo com a sua forma linear de pensamento, mas vemos a cada dia que o mundo vai além dessa linearidade. Colocar tudo em uma caixinha é limitar nossos pensamentos e atitudes.

Os totens são elementos cosmológicos, isto é, um princípio ancestral, que vêm muito antes da criação do homem. A sabedoria dos *Animais Totens de Poder* remete a um conhecimento tão antigo que não se pode pensar em lógica humana e, muito menos, em linearidade da vida, mas em consciências instintivas que estão para auxiliar no desenvolvimento de toda a Espiralidade da Criação.

O objetivo primordial da Alquimia Ancestral – Animais de Poder é a abertura e expansão da consciência da humanidade, para que cada pessoa possa com tranquilidade ativar essa força ancestral no seu cotidiano, tanto para a cura pessoal ou daqueles que se permitem receber ajuda. Você precisa entender que celebrar a vida com alegria diz respeito a melhorar nosso relacionamento com os Orixás e com os Animais de Poder. Fazendo isso com profundidade, lealdade e sinceridade, conseguimos alcançar nossos objetivos, então nos percebemos melhores e mais prósperos.

"O Sabiá pia pa trazê a voz de Zambi no vosso Congá. E o vosso Congá particulá é o vosso coração. Voismicê já sabe que saber não é vê de falá pros quatro cantos. Mas vem de sabê escuitá os canto dos passarinho. Num adianta falá muito, se num sabe escuitá Zambi. Zambi fala nos vosso sentimento sem precisá fica de rodeio. Num precisa vê Ele em forma física. Zambi tá em tudo. No canto dos passarinho, no irmãozinho do lado, tá na Luz que esquenta vosso corpo, tá na escuridão da noite também. Zambi permeia tudo e nunca esquece de nenhum fio. É muitas vezes os fio que esquece d'Ele. Seja grato por vossas vida. Seja grato pelo pouco que, na verdade, é muito. A reza num tá só nas palavras, mas no sentimento da vida e nas atitude com quem caminha cum vóis. Sinta tudo isso e nunca esqueça que Zambi está em você e no seu dia a dia. O ar que vóis arrespira. No bejo que o vosso cachorro dá em vóis. Aprende a tê paciência e sente isso sem euforia. Porque a ansiedade atrapaia tudo os sentido do coração. Nego sempre tá aqui e nunca vai saí daqui. Se vóis precisa é só chama. Te amo fio, como Zambi ama tudo a criação d'Ele" – **Pai Antônio de Aruanda**, 27/1/2021.

Conceito de Alquimia Ancestral – Animais de Poder

Muitos acreditam que os animais são regidos pelo Orixá Oxóssi, como acontece com as plantas, porque ambos estão na natureza. Mas como já revelado por Rubens Saraceni, no livro *Rituais Umbandistas*, da Madras Editora, os Animais Sagrados são regidos pelo Orixá Exu. Sim, sei que isso pode causar muito burburinho e entendo que pode ser um revés de pensamento. Também não tenho como comprovar de uma forma que todos querem, nem tenho interesse em fazer ninguém engolir isso goela abaixo. Acredita quem quer e quem acha que isso faz sentido para sua vida. Pai Antônio de Aruanda, meu querido Preto-Velho que incorpora em mim, me disse no dia 21 de dezembro de 2020:

"Ligar-se ao seu Animal de Poder é se ligar à fonte de sua Ancestralidade Instintiva, auxiliando na adaptação e conseguindo dar importância para o momento do Agora".

Para mim, faz todo sentido, e com esse pequeno texto, mas com grande ensinamento que o Pai Antônio me passou, podemos ter um conhecimento imenso. Como ele mesmo disse: *"Basta querer ouvir e aprender"*. Entendo que a fé e o nosso relacionamento com os Mistérios não necessitam de explicações plausíveis, com um positivismo e o materialismo deste plano terreno. Contudo, devemos ter bom senso, amor, carinho e muito respeito pelo que é Sagrado e, assim, sermos guiados pela Fé e por todos os outros sentidos da vida. Ouça o que sua Fé lhe diz.

Exu é sempre o primeiro, como lemos nos *Itãs*, que são os mitos, lendas, canções e histórias dos Orixás na cultura Yorubá. Também, podemos ver isso nos livros de Rubens Saraceni da Madras Editora: *Orixá Exu – Fundamentação do Mistério Exu na Umbanda* e *Livro de Exu: o Mistério Revelado*, em que Ele é o primeiro a sair do Orum e vir para o Aiyê. Sim, Exu é o primeiro Orixá a sair de dentro do nosso Querido Deus Olorum e vir para a "terra" (coloquei terra entre aspas, porque quando Exu se exteriorizou, só havia Ele e o vazio existencial, logo após os outros Orixás vieram, dando início ao progresso da criação).

O Orixá Exu é incompreendido e compreendido ao mesmo tempo. Exu acertou o passarinho ontem com a pedra que jogou hoje. Exu escreve certo por linhas tortas. Exu escreve torto em linha torta. Exu planta colhendo e colhe plantando. Exu é o entendimento da não linearidade da vida, é o entendimento do real sentido da trilha que percorremos. Exu é o prazer da vida, são as gargalhadas que precisamos dar em alguns momentos. Exu é a seriedade, e a guarda quando é necessário. **Acima de tudo, Exu é a grande Sabedoria de saber viver exatamente o AGORA, sem rodeios, sem ficar pensando no passado nem demasiadamente no futuro. EXU É A POTÊNCIA DA VIDA, PORQUE EXU SABE VIVER.**

Exu é a representação da dualidade em que vivemos, é o seguir a caminhada no rumo certo, sabendo seus defeitos e suas qualidades. Exu é o amor pela vida e respeito pelo que nela existe. Exu é instinto reativo e ativo, mas também é paciente, e sabe agir no momento certo. Exu permeia toda a realidade, como os animais permeiam toda a Natureza e a Criação Divina. **Exu é vida, é vigor, é vitalidade, sem nenhum pudor e com o respeito por tudo e por todos, sem julgamento algum.**

Com tudo isso, observe os animais. Os animais são os guardiões de seus territórios, seus santuários naturais. Eles vão contra toda a linearidade. Simplesmente vivem toda a sua capacidade no agora, não há passado e futuro. Apenas o presente. **Não há questionamento pela Mãe Natureza, só o saber de que simplesmente É, e ponto-final. Exu é como a vida dos animais. A vida é para ser vivida. Sem reclamação, sem julgamento. Simplesmente Vida, sendo o que É. Seguindo os instintos e a intuição para onde há alimento, água, luz, sombra e bons(as) parceiros(as).**

Sentir e conviver com os Animais de Poder é perceber a não linearidade da vida, a essência, e o prazer de notar a brisa no rosto, a umidade da terra nas plantas dos pés. É simplesmente conviver com os *Guardiões da Instintividade e da Animalidade*. É, e sempre será, também conviver com o Orixá Exu. É a gratidão pelo que se tem e pelo que se É. Por esse motivo, aos olhos do Grande Orixá Exu, gargalhe para a vida e agradeça por essa fartura que se aproxima do seu Ser.

Portanto, como o *Guardião dos Mistérios Animais* é o Orixá Exu, esses animais têm características de tripolaridade. Para o desenvolvimento e a compreensão da Alquimia Ancestral – Animais de Poder, e a fim de melhorar o relacionamento com os Animais de Poder, eu, junto aos Mestres, criei uma forma de relação mágica e de amor com esses seres naturais que nos acompanham, e têm a humildade de compartilhar seus instintos e vivências conosco. Eles nos ensinam o sentido de nossa vida, que é ser o que viemos para ser neste mundo e, simplesmente, viver.

Não vim aqui criticar e dizer que outras formas de pensamento estão erradas, muito menos que há uma verdade absoluta, uma vez que não tenho como comprovar nada "cientificamente". Mas a fé e a minha própria convivência com esses animais que aos poucos foram se aproximando – muitas vezes sem nem sequer eu perceber – para me auxiliar no meu desenvolvimento pessoal são as minhas comprovações. É apenas um pedaço de um conhecimento e uma forma de se relacionar com esses **Grandes Totens Animais**. Não tenho ambição, intenção, nem a menor vontade de fazer que as pessoas aceitem minhas verdades. Cada um acredita na sua fé. Apesar de a Umbanda ser uma religião louvada em comunidade, a fé é uma experiência única e individual.

Esses animais também não são nossos escravos. Eles são instintivos, altamente reativos e se aproximam quando acreditam que estamos prontos e há uma confiança. Não se mostram muito e podem ir embora no momento que sentirem vontade. Aparecem de forma categórica, quando querem que prestemos atenção ao nosso redor. Aqui ninguém é escravo de ninguém, muito menos um carrega o outro na coleira. É uma aceitação de parceria, um ajudando o outro, com puro amor e troca de experiências.

Subdividimos a classificação dos animais em três categorias, a fim de facilitar o entendimento e classificá-los, para que, na hora e com a permissão de nossos Guardiões e do Orixá Exu, tenhamos a oportunidade de nos comunicar, relacionar e trabalhar magicamente com os animais. Estes se dispõem a nos ajudar a expandir nossa consciência e nos curarmos de nossos medos, angústias, raivas, ansiedades, traumas e pensamentos perturbados. Veja na tabela a seguir essa classificação:

CLASSIFICAÇÃO	ALQUIMIA ANCESTRAL	ANIMAIS DE PODER
TRIPOLARIDADE	VITALIZADOR (+)	TERRITORIAIS
	DESVITALIZADOR (-)	DECOMPOSITORES
	NEUTRO (0)	PEREGRINOS

A linguagem dos Animais de Poder é a do sentir, em que os *Guardiões Animais Puros* são a essência pura de cada sentimento. Os animais têm padrões energéticos que "puxam" características dos Orixás, que vão auxiliar a curar nossas aflições da alma, do espírito, da mente e do corpo, deixando nossa **saúde plena**.

Alguns creem que os Animais de Poder são seres humanos que se mostram na forma animal. Não acredito que os *Grandes Animais Totens* sejam uma transfiguração humana. Minha fé me diz que eles são os guardiões animais dos instintos mais primitivos e extremamente sábios, mesmo que algumas consciências não consigam compreender isso. Nossa realidade quer explicar tudo sempre apenas com a visão humana, mas, convivendo com a Natureza e com os Animais de Poder, entendemos que o mundo não foi feito só para os olhos humanos, e sim para toda a Criação.

Entendo os Animais de Poder como meus *Ancestrais*; e creio que por causa desse pensamento acreditemos que eles(as) foram humanos. Mas como nossos *Ancestrais*, quero dizer que vieram antes, mas não necessariamente foram humanos. Sua sabedoria vai além desse nosso pensamento limitado.

Nossos mestres humanos também podem usar essa roupagem animal se precisarem ativar nossos instintos mais profundos.

Vamos falar então sobre as características dos animais. Eles são **Territoriais**, **Decompositores** e **Peregrinos**.

Territoriais: são aqueles animais com a característica de proteção, que demarcam território mesmo. A grande maioria vive solitária, mas isso não é uma regra. Possuem características de ação e reação, tanto na ação direta com a proteção, atacando energias negativas, como estimulando que seu protegido saia rapidamente da inércia. Muitas vezes promovem choques energéticos. Na reação, esse tipo de animal ataca se for ameaçado, por exemplo: alguma demanda contra seu protegido produz uma reação automática desse Animal de Poder. Sua ação é de trazer vitalidade para seu protegido, auxiliando na proteção e também no descarrego, rastreando, cortando, espantando, desligando, dissolvendo, desnaturando, quebrando, rasgando, anulando, caçando, etc. essas energias nefastas. Todos os Animais de Poder trabalham em uma simbiose. É muito comum vê-los trabalhando em conjunto, ou antes, dos Animais *Decompositores*. Esses animais também ajudam muito na decomposição e "digestão" de energias negativas.

Decompositores: são animais que trabalham especificamente na decomposição de energias, as quais podem ser extremamente densas, bem como no excesso de energias positivas desequilibradas. Normalmente, os Animais *Decompositores* são ativados depois de uma batalha entre dois Animais de Poder, ou quando há desmanche de trabalhos, em que essas energias serão concentradas, anuladas, transmutadas, quebradas, digeridas, dissolvidas, desaglutinadas, destruídas, encerradas, transformadas, etc. Eles trabalham nos restos que não são em nada aproveitados, com a putrefação propriamente dita.

Peregrinos: são os animais que normalmente auxiliam bastante na expansão da consciência, agindo de várias formas, seja atraindo *Territoriais* para quebrar energias densas, que atrapalham seu protegido, seja auxiliando a percorrer grandes distâncias para encontrar sua alma. Como são neutros, podem agir ora como *Decompositores*, ora como *Territoriais*. Normalmente estão em bandos, mas isso não é uma obrigatoriedade.

Vale a pena lembrar que suas consciências são muito superiores às nossas, então fiz essa classificação de uma forma que nossa mente, mesmo limitada, possa entender um pouco. ***Um Grande Animal Totem nunca estará ou trabalhará sozinho. Todos nós estamos ligados pela Teia da Grande Avó Aranha***. Eles, por entenderem muito bem isso, agem com maestria para nos ajudar a expandir, explorar e melhorar nossa consciência. Muitas vezes nos entendem e compreendem muito mais do que nós mesmos conseguimos. E com certeza seus ensinamentos vão muito além do que pode estar escrito em um livro. A relação com eles é que vai ensinar cada um de nós.

A grande maioria das pessoas acredita que existe apenas um único Animal de Poder que nos acompanha. Mas eu digo que irão aparecer pelo menos quatro que vão nos auxiliar e se manifestar com maior intensidade, um complementando o outro, atuando tanto nas nossas esferas positivas quanto nas esferas negativas da nossa vida. Porém, isso não é uma regra, porque com certeza iremos nos relacionar com uma família animal, uma grande *Tribo Ancestral Animal*. Cada um desses Animais, com sua consciência, irá ajudar em cada direção Sagrada. O médium estará no meio desta encruzilhada de *Saberes Ancestrais Primitivos* e, assim, poderá entender seu Ori com mais facilidade e viver a vida dentro do seu propósito.

Essas forças são ativadas consciente ou inconscientemente. Cada pessoa pode, claro, se for sua vontade, se relacionar com mais ou menos intensidade com seus Animais de Poder e com tantos outros animais que a Lei Divina permita. Lembrando que esses animais são livres, vem e vão no momento que querem. Não se trata de uma relação de escravidão entre o Animal e nós, mas, sim, de um compartilhamento, uma aliança. Ninguém manda em ninguém. Um auxilia o outro. Na verdade, nós é que somos ajudados por eles.

Animais domésticos

Algumas culturas xamânicas dizem que os animais domésticos, e até mesmo plantas "domesticadas", não servem como animais ou plantas de poder. A explicação é que, por serem domesticados e às vezes por servirem de alimento, mostram a sua falta de poder.

Acredito que mesmo sendo animais domésticos ou plantas, estão em seu altruísmo total, cedendo suas energias para equilibrar nossos descompassos energéticos oriundos de vários traumas e vivências. Esses seres sujeitaram-se a ficar mansos para auxiliar no desenvolvimento humano e, até mesmo, a ceder sua vitalidade para alimentar a humanidade. Esses animais são como barreiras de energias negativas. Sua força de vontade de ajudar faz com que todo e qualquer tipo de energia desequilibrada, que foi mandada, passe por eles antes de chegar a seus "donos".

Esses animais vieram com o propósito de auxiliar e abençoar todos nós com suas energias. Por isso, sempre ter um animal em casa, de qualquer espécie, ajuda muito na energia do ambiente. Por exemplo, um cachorro sempre vai trazer alegria, vitalidade; um gato vai trazer a proteção e encaminhar energias densas para outros mundos; o coelho vai trazer a gentileza e a meiguice da vida; a vaca e o touro vão trazer a abundância e a firmeza, e assim por diante.

Tudo neste mundo tem um propósito, ainda que, na maioria das vezes, não o compreendamos.

"Passage pela vida na carne é muito rápida prôceis assimilá muita coisa que precisa aprendê. Muitos vêm e poucos saem sabendo alguma coisa que vai ajudá no crescimento. O que ôceis têm que pensá que aqui é um piscá de zóio na imensidão da vida. E não se afoba com as coisas que vão aparecendo. Às veiz parece difícil voismicê entendê. Num é?! Mas veja assim. Vóis vai ter que passa por esse aprendedô, num vai? Então, por que fica fazendo birra? Aprende o que tem que aprendê, aproveita o caminho e sente a terra em vossos pé. Sente o batedô do vosso coração e ama a vida que suncê tem. Mesmo que pareça ruim. Porque é ruim pelos vossos olhos muitas veiz. Aprende a ter esperança em um mundo mió. Aprende a ter dedicação em um mundo mió. Se cada um pensá cum amô, altruísmo, bom senso, responsabilidade em sua própria vida, e consertar as besteiras suas memo, já é um caminho mió pro mundo. Faça seu mundo mió e assim já vai tá ajudando. Num queira sê super-herói, seja ocê com muito amor. Seja ocê com muita sinceridade. Que o mundo vai segui o seu curso. Pai Antonio tá aqui abençoando vossa caminhada e tá cum sua bengala firme pá ajuda e ampara ocê" – **Pai Antônio de Aruanda**, psicografado, 18/3/2021.

Animais de Poder e suas Consciências

Nosso vocabulário é escasso para explicar a complexidade do mundo. As sensações, os sentimentos e os arquétipos explicam muito mais as surpresas da vida do que as palavras. Esses Animais de Poder trazem para nós nossa consciência, nossa alma mais primitiva, para então nos ensinar com sua sabedoria e suas medicinas curadoras do coração, do espírito, da mente e do corpo.

Esses Animais de Poder podem nos curar e ajudar a passarmos pelas nossas dificuldades com sabedoria. Os animais trazem a pureza da alma e da vida, sem ressentimento, sentimento de vergonha ou arrependimentos. Eles apenas são o que são. Neste capítulo, vamos descrever a consciência de alguns Animais de Poder que podemos encontrar e com os quais podemos nos relacionar. Eles vão nos ajudar, se for esta a nossa vontade e a vontade deles. Somos todas Criações Divinas com consciências diferentes, mas que pensam na mesma coisa: preservar a vida e a evolução de nossas capacidades, para que, com essa consciência, possamos cada vez mais ser fontes abundantes de luz, vitalidade, esperança, respeito, etc.

Então, vamos começar com os Animais *Decompositores*.

Decompositores

Como são animais que, literalmente, mexem com os restos e a decomposição de energias que "não servem" mais para nada, não nos acompanham de forma direta como os *Territoriais* e os *Peregrinos*, mas se apresentam quando necessários e ativados. Esses animais ajudam na reciclagem da energia do ambiente em que estão atuando, digerindo toda a energia mórbida do espaço.

Esses Animais de Poder estão dentro de três principais irradiações de Orixás, que são: Obaluaiê, Nanã Buruquê e Omolu. Mas é óbvio que outros Orixás também atuam nesse trabalho, pois a vida é um ciclo e nada se perde, em vez disso, tudo se renova e se transforma. Estão ligados principalmente ao encerramento de energias negativas, mórbidas e nefastas, que impedem o desenvolvimento de uma consciência ampla e sábia.

Esses animais são extremamente importantes, apesar de serem pouco comentados. São eles que devolvem as energias ao ambiente, fazem esse Axé ser restabelecido e seguir um novo curso. A humanidade pensa apenas em uma espiritualidade evoluída, límpida e cheia de colorido, mas esquece que o embaixo e a esquerda também são criações de Zambi. Da mesma forma, possuem suas sabedorias e especialidades. Infelizmente, essa espiritualidade ingênua está na cabeça de pessoas iludidas, que não conseguem enxergar a verdadeira realidade e querem ficar sentadas eternamente em uma flor de lótus, olhando só para um puritanismo sem sentido.

Quando pensamos em decompositores, costuma vir primeiro à mente larvas de moscas, moscas de várias formas, minhocas, cupins, formigas, besouros, baratas, lacraias, etc., que são animais que conseguimos ver. Mas acabamos nos esquecendo de estruturas muito menores que também auxiliam nessa decomposição. Aqui, podemos pensar em alguns elementais minúsculos que trabalham apenas com energias muito densas. Mas vamos nos ater aos animais especificamente, porque o conceito ajuda a entendermos como as energias se renovam.

A manifestação desses animais na materialidade, principalmente no ambiente onde moramos, é um sinal de que devemos verificar o que está acontecendo à nossa volta. Por exemplo: infestação de baratas, traças e cupins pode ser não apenas a representação de algo apenas material, mas também de manifestação de algum tipo de energia negativa densa muito próxima; cabe o bom senso e a averiguação de cada pessoa em relação a isso.

Esses Animais de Poder não são ruins, como vemos na limitada visão humana, mas necessários para que tudo se renove. Como Zambi está em todos os lugares, no alto, no meio e no embaixo, os Orixás também estão. Eles servem para nos alertar sobre o que está acontecendo ao nosso redor, e encerrar nossos pensamentos mesquinhos, egocêntricos, doentes, mórbidos e insalubres.

Baratas

As baratas vivem remexendo lixo, pois funcionam como depurativas de energias densas. Digerem praticamente qualquer tipo de energia. Não é à toa que na materialidade elas são as únicas sobreviventes em um ataque nuclear.

Elas possuem a facilidade de transmutar todo e qualquer tipo de energia, entrando até em locais que desconhecemos. Normalmente, estão trabalhando dentro de raivas, revoltas internas e autodepreciação. Elas encerram raiva, ciúme, ódio, rancor, inveja, falta de controle, decepções, intolerâncias, baixa autoestima e desespero.

Quando esses animais aparecem de forma considerável em um ambiente, isso mostra que aquele lugar está precisando de renovação de sentimentos, pois está com muito acúmulo de energias negativas. E é também um sinal de invasão de espaço, indicando que você está permitindo que pessoas entrem em sua vida demasiadamente, sem nenhum tipo de filtro. Por esse motivo, está na hora de colocar limites à sua volta. Está na maneira de olhar para si e ver o porquê de tanto amargura, ódio e revoltas.

Orixás: Omolu, Obaluaiê, Nanã, Oxalá, Logunã e Iansã.
Classificação na Alquimia Ancestral: DECOMPOSITORES.

Borrachudo/Mosquito/Mutuca/Pulga

São sugadores que absorvem tudo o que podem para saciar sua fome. Todos esses animais que sugam nosso sangue, com certeza, são a representação de que estamos dando espaço para pessoas, energias, pensamentos e emoções sugarem nossas energias. Além de mostrarem que estamos dando espaço para energias negativas nos sugarem, indicam que não há limites de ambos os lados. Você, da mesma forma, está invadindo território alheio e sugando energias dos outros com suas revoltas e desacertos internos.

Eles mostram que você deve ter mais cuidado consigo e com os outros. Aprenda a desenvolver seu amor-próprio, porque as pessoas dão apenas aquilo que está dentro de você, nem mais nem menos. Os "sugadores" são exemplos de vampirismo. Eles também estão lhe sinalizando que o sentimento de ingratidão predomina em sua vida, e está na hora de mudar isso. Entenda que você merece ser feliz e tem todas as ferramentas para alcançar a felicidade. Mas só depende de você, porque ninguém vai trilhar seu caminho, muito menos, levá-lo no colo.

Estão lhe mostrando que carregar essa revolta pelo mundo não o levará a lugar nenhum, e que você não pode se esquecer de olhar para dentro de si. Também, ser grato pelo que tem e pelo que construiu com seu esforço e dedicação é uma bênção. Esses sugadores auxiliam no tratamento e no encerramento de sentimentos de ganância e inveja. Encerram olho gordo, maldições e pragas lançadas. Deve-se começar a praticar com mais intensidade a gratidão pela vida, pelo que se é e pelo que se tem.

Orixás: Todos.
Classificação na Alquimia Ancestral: DECOMPOSITORES.

Candiru

É um peixe que ajuda na decomposição de pensamentos e emoções negativas referentes à geração da vida. Eles têm a característica de nadar invisíveis ao nosso redor, decompondo esses sentimentos deturpados. Quando ativados, vão ao encontro do que precisa ser digerido e esgotado, muitas vezes sem serem vistos. Quando aparecem é um aviso para mudança de postura. Quebram pensamentos de posse e autoritarismo.

Atuam como sugadores de pensamentos desordenados e caóticos, que aprisionam a mente e o coração. Ajudam a destruir e decantar pensamentos sexuais desordenados, descontrolados e insaciáveis. São esgotadores natos. Atuam na decomposição de energias negativas que prejudicam a vida, a sexualidade, a sensualidade, a vitalidade e a fecundidade.

Orixás: Omolu, Nanã, Oxumaré, Oxum, Iemanjá e Oxalá.
Classificação na Alquimia Ancestral: DECOMPOSITORES.

Caracol/Lesma

Caracóis e lesmas normalmente estão em locais úmidos e escuros. Como outros Animais *Decompositores*, não são muito admirados, mas com certeza têm a sua medicina, como todos os outros já descritos e que ainda vamos descrever.

A lesma e o caracol têm a terra e a água como seus pontos fortes. Eles vieram mostrar que você precisa desacelerar, porque nada que é duradouro é feito da noite para o dia. Ensinam que a paciência deve ser levada mais a sério, porque o andar devagar deixa verdadeiras pegadas nas trilhas da vida. Andar devagar não significa estar parado, mas, sim, que você realmente está atento ao caminho, e que isso vai levá-lo para onde precisa ir. A lesma e o caracol decantam seus sentimentos agressivos, suas ignorâncias, ansiedades e desvirtudes da vida.

Lesmas e caracóis estão intimamente ligados com o tempo. Eles ensinam que devemos nos adaptar, nos preparar e não ter pressa para chegar ao destino. Muitas curas levam tempo para se estabelecer. Acreditar que tudo está no lugar e no momento certo é um ensinamento que trazem.

Orixás: Omolu, Obaluaiê, Nanã, Logunã, Oxalá, Oxóssi, Obá, Iansã e Ogum.

Classificação na Alquimia Ancestral: DECOMPOSITORES.

Carrapato

É outro animal hematófago que também fica enroscado no corpo. Muito comum vê-lo em criações e animais domésticos, principalmente naqueles animais que estão em chácaras. Normalmente, os carrapatos ficam em locais estratégicos e de passagem do animal para se agarrar ao couro dele.

Seu aparecimento mostra que estamos com sentimentos e pensamentos obsessivos, de ordem material ou emocional. O carrapato nos diz que estamos sendo permissivos demais, não sabendo colocar limites em nossos relacionamentos. Você está sendo boi de carga e um ralo energético de desejos, no qual todos despejam o que querem e você está ali para sugar tudo isso. O aparecimento do carrapato mostra que devemos nos mexer e sair do comodismo e do sedentarismo; não há reforma interior sem se mexer.

Aprenda a dar limites para aqueles que o cercam, e entenda que a palavra não também serve para ensinar e educar. Você é um templo sagrado, seu corpo, sua mente, suas emoções e seu espírito são Divinos, então aprenda a dar limites a você e aos outros. Se não aprender a se desligar desses sentimentos negativos que você arrasta, continuará sentindo-se cansado, triste e desmotivado.

O carrapato sinaliza que você está ancorado em algum sentimento que esgota toda a sua vitalidade e seu Axé. Busque encontrar o carrapato para que ele desligue esse sentimento de culpa que carrega.

Orixás: Obaluaiê, Omolu, Nanã, Oxóssi, Oxalá, Logunã, Obá e Ogum.

Classificação na Alquimia Ancestral: DECOMPOSITORES.

Cupim

O cupim é um animal que traz grandes transtornos a casas de madeira, móveis e árvores. Faz cupinzeiros enormes para cima da terra e, também, debaixo da terra. Essas estruturas são bem-organizadas e têm vários túneis, que levam a diversas câmaras. Cada cupim tem sua tarefa muito bem delimitada.

O cupim é um animal que trabalha corroendo tudo. Serra, corta, pica e anula energias emanadas por pessoas invejosas e traiçoeiras. O cupim quebra energias desorganizadas e anula a procrastinação. Sua energia trabalha de dentro para fora. Mostra que, muitas vezes, para achar a raiz do problema temos de remoer diversas coisas. Precisamos digerir sentimentos profundos, os quais mesmo esquecidos, ainda estão lá. O cupim indica que existem pessoas à sua volta que podem estar com ciúmes e inveja das suas conquistas, por esse motivo você está se sentindo esgotado. A energia do cupim traz à tona que algum âmbito de sua vida está um caos e precisa de organização; e que está na hora de você enfrentar seus medos e distúrbios emocionais mais profundos.

O aparecimento de cupins mostra que existe algum ressentimento dentro de seu coração. É sinal de que você também necessita olhar à sua volta e dar mais valor ao que tem. Precisa de mais gratidão e menos reclamação, porque essa reclamação ostensiva está "comendo-o" por dentro. Olhe ao seu redor e se afaste daquele que tem inveja, mas olhe para dentro e veja se você também não tem isso dentro de si.

O cupim cobra o carma daqueles que invejam e cobiçam a vida dos outros. Os cupins fazem buracos no perispírito e causam desconforto em todo o corpo espiritual daqueles que atentam contra algo que não lhes pertence, dando espaço para que a Lei seja cobrada devidamente.

Orixás: Obaluaiê, Nanã, Omolu, Xangô, Egunitá, Ogum, Iansã e Logunã.

Classificação na Alquimia Ancestral: DECOMPOSITORES.

Larvas de moscas

Acredito que as larvas sejam o exemplo que mais se encaixa nos Animais de Poder. São elas que eclodem na energia negativa para cortar, encapsular, digerir, degradar, renovar e encerrar definitivamente o processo negativo que será desfeito. A energia das larvas está muito ligada à terra e à decantação de energias que precisam chegar ao extremo para serem encerradas. Mas também podem estar associadas à água, pois estão trabalhando na forma de larvas. Estão seriamente relacionadas ao encerramento propriamente dito, isso quer dizer que qualquer coisa que, porventura, tenha acontecido já se acabou e, agora, a energia que sobrou está sendo totalmente reciclada. Decantam, encerram para que novas energias possam se transformar e se renovar.

Seu aparecimento encerra todo e qualquer tipo de energia. Estão ligadas às sete vibrações Divinas, esgotando tudo sem distinção. Elas mostram que mesmo na maior podridão existe vida, portanto, tudo deve ser respeitado.

Orixás: Todos.

Classificação na Alquimia Ancestral: DECOMPOSITORES.

Moscas

As moscas chegam para pegar restos e dar continuidade ao que as larvas já começaram. Sua energia traz transmutação, renovação e direcionamento. Tais energias estão ligadas ao elemento ar. São relacionadas a cortar, encerrar, serrar e direcionar as energias para seus devidos lugares.

Quando as moscas aparecem de forma recorrente, quer dizer que estamos com algum sentimento negativo, o qual está exalando ao nosso redor. Isso mostra que se deve olhar para dentro de si, e verificar que tipos de pensamentos e atitudes negativas estamos remoendo ou guardando dentro de nossa alma e estão começando ou já estão sendo exteriorizados. Podem ser sentimentos ou pensamentos recorrentes que de nada ajudam, apenas deixam o ar insalubre à sua volta. E esses pensamentos ou sentimentos já estão sendo transpassados para atitudes incoerentes com o seu destino de ser.

As moscas encontram as energias pelo "cheiro" de podridão e também pela luminosidade intensa que ofusca o outro. A presença da mosca também mostra que existe muita energia circulante, independentemente se é negativa ou positiva. Auxiliam nesse esgotamento de energias.

Orixás: Omolu, Obaluaiê, Nanã, Iansã, Logunã, Ogum e Oxumaré.
Classificação na Alquimia Ancestral: DECOMPOSITORES.

Muçum

Peixe que vive em águas pantanosas e lodosas. Consegue sobreviver vários dias enterrados na lama. É esguio e não possui escamas. Alimenta-se de matéria em decomposição e, também, de pequenos peixes e insetos.

Sua energia é decompositora por natureza, pois para atravessar as bestialidades de corações feridos e amargurados é preciso resistência. Ele cura e decompõe sentimentos ocasionados por abusos, traumas e exploração em níveis sexuais. Ajuda a decantar, digerir e perdoar essas amarguras, para que em seguida haja a possibilidade de um novo rio cheio de água farta e cristalina.

Este animal limpa e filtra nossas emoções perturbadas. Ajuda a digerir acontecimentos que nos deram nojo de viver. Auxilia na compreensão de que, mesmo na lama e enterrados até o pescoço de negatividades, as quais muitas vezes não temos nem coragem de pronunciar, há a chance de decantarmos isso para seguir adiante. O muçum enterra esses sentimentos bem no fundo, não para esquecê-los, mas para sermos curados e transmutados pelo barro. Muçum também é o símbolo da esperança: mesmo atolados, há sempre a chance de uma nova vida.

Muçum ensina sobre perdão, que, na verdade, não tem nada a ver com voltar à convivência com a pessoa, mas se desprender de um sentimento ruim, para não precisar mais ficar carregando essas amarguras.

Orixás: Omolu, Obaluaiê, Nanã, Obá, Oxalá, Logunã, Oxumaré, Oxum e Iemanjá.

Classificação na Alquimia Ancestral: DECOMPOSITORES.

Piolho

Piolho é aquele bichinho que fica grudado em nossa cabeça trazendo coceira e outros efeitos indesejados. Os piolhos também podem ficar fixados em outras regiões do nosso corpo. Em demasia podem ocasionar anemia, em razão da grande quantidade de sangue de que podem estar se alimentando.

Piolhos nos mostram que estamos com muitos pensamentos desalinhados. Nosso mental está sendo sugado por pensamentos repetitivos que não nos levam a lugar nenhum. Esses pensamentos obsessivos estão transformando você no próprio ralo energético. Eles estão também ligados a sentimentos de culpa. Indicam que existe algum tipo de desarmonia no lar. Mostram apegos desnecessários a ilusões da mente e da matéria.

O piolho auxilia no encerramento de ilusões, ignorância, revoltas, decepções e conflitos, de origem interna ou externa. Eles ajudam a revelar as intenções mais profundas e encerram nossas más intenções.

Orixás: Omolu, Nanã, Obaluaiê, Iemanjá, Oxalá, Oxóssi, Obá, Oxum e Oxumaré.

Classificação na Alquimia Ancestral: DECOMPOSITORES.

Piranha

Muito temida na materialidade em razão da velocidade com que consegue dilacerar grandes animais. No mundo espiritual, as piranhas possuem a mesma agressividade e velocidade para consumir magias. Seu *Axé Ancestral* corta, rasga, dilacera e consome magias que atentam contra a vida e amarram pessoas. Sua agressividade só acontece se forem importunadas. São extremamente antissociais, interagindo apenas com quem tem afinidade dentro de um grupo preestabelecido. São temidas também na espiritualidade.

Sua agressividade ensina sobre rapidez, agilidade, e como perseguir e agarrar nossos sonhos com firmeza e segurança. Seu aparecimento traz movimento e agilidade para seu protegido. Sua energia também corta sentimentos de ciúme e de posse; equilibra nossas emoções, e ensina a vigiarmos nossos sentimentos de ódio e vingança. As piranhas rasgam e consomem nossos desejos desequilibrados.

Sua presença à nossa volta indica pureza do ambiente e ajuste em nossa frequência do amor, pois consome tudo o que é negativo. Traz coragem e direcionamento correto para enfrentar as dificuldades e, assim, ter a certeza de percorrer o caminho adequado, mesmo que haja percalços. Seu *Axé Ancestral* traz fertilidade, vigor, virilidade e melhora a libido. Quebra preconceitos e pensamentos limitadores. As piranhas consomem energias sexuais desequilibradas.

Orixás: Egunitá, Oxum, Oxumaré, Oxóssi, Iansã e Omolu.
Classificação na Alquimia Ancestral: DECOMPOSITORES.

Traças

São insetos que comem plantas e qualquer tipo de tecido, desde linho a lã, bem como livros.

Traças mostram que existe um conflito de interesse entre seus pensamentos e suas atitudes. Também indicam que suas energias estão sendo roubadas, e você não está conseguindo se refazer material, mental, emocional e espiritualmente. As traças mostram que seu campo áurico está cheio de furos e que você precisa de força para restaurá-lo. Podem indicar o vazio existencial, onde você precisa se refazer e buscar seu autoconhecimento para fechar os buracos abertos. As traças também consomem as energias nefastas que estão ao seu redor, mas você precisa ter força e conhecimento para sair desse estágio de letargia.

Elas auxiliam na abertura de campos densos, a fim de haver espaço para a luz da sabedoria. As traças consomem aquilo que lhe faz mal para dar espaço para o que realmente o preencherá. Elas trazem o vazio à tona.

Orixás: Omolu, Obaluaiê, Nanã, Logunã, Oxalá e Oxumaré.
Classificação na Alquimia Ancestral: DECOMPOSITORES.

Peregrinos

São animais neutros que têm a capacidade de equilibrar a balança, tornando-se *Territoriais* ou *Decompositores*. Como ninguém, trabalham sozinhos na natureza e podem atrair animais companheiros, *Territoriais* ou *Decompositores,* para ajudar no trabalho. Os *Peregrinos* neutralizam as energias mórbidas e degenerativas, e auxiliam igualmente no impulsionamento das energias positivas.

São os Animais de Poder *Peregrinos* que ajudam na sustentação dos nossos instintos, equilibrando o que precisa ser extravasado e o que necessita ser contido. Eles reorganizam todas as nossas emoções e sempre vão estar perto para equilibrar nossos sentidos. Auxiliam na base do nosso emocional, dando sempre vitalidade para os sentimentos positivos e ajustando nossos sentimentos negativos.

Abelhas

Seu *Axé Ancestral* com certeza está ligado ao senso de cooperação. Ajudam muito na construção de pensamentos e atitudes, alinhados com bom senso e amor. Elas trazem a capacidade de trabalhar nossa organização, para que tudo ocorra em/com harmonia em nossas vidas.

As abelhas geram a gentileza: é dando que se recebe mais. Elas nos ensinam foco e determinação, pois se especializaram na polinização. E nenhum animal faz tão bem esse papel. A abelha é rainha e mostra que bons líderes se sacrificam para sua comunidade, e sua comunidade trabalha em prol de todos. Abelha é o símbolo do companheirismo, lealdade e dedicação pela vida farta, feliz e cheia de abundância.

Seu espírito está ligado à fecundidade e à fertilidade. Sua energia está conectada com o altruísmo. As abelhas não pensam apenas em si, mas em toda a comunidade. Elas mostram que o crescimento duradouro se faz em conjunto. Ensinam que trabalho somado à disciplina, à organização e ao direcionamento correto traz grandes frutos.

São extremamente amorosas e acredito que, por esse mesmo motivo, são bastante protetoras. Sua coragem de proteger toda a comunidade é algo impressionante de se notar. Seu protegido está em boas mãos, pois elas não deixam nenhum tipo de energia chegar, mas claro que entendem que o merecimento é de cada um. As abelhas estão ligadas à Lei e à execução da Lei Divina. Elas têm a balança e o machado de Xangô e a sabedoria de Egunitá.

As abelhas ajudam no direcionamento de uma vida equilibrada, principalmente equilibrando a vida material com a espiritual. Elas atraem o doce da vida, o magnetismo de forças Divinas e a certeza de que a vida não é nem nunca foi injusta. As abelhas têm a capacidade de aglutinar energias no auxílio da materialização e na realização de sonhos.

Orixás: Xangô, Egunitá, Oxum, Ogum e Iansã.
Classificação na Alquimia Ancestral: PEREGRINOS.

Alce

Magnífico e grandioso Animal de Poder, imponente, resistente e altamente confiante de si. Sua força mostra o contato com Zambi, e ensina que a paciência e a resiliência, vinculadas com a Fé verdadeira, fazem verdadeiros milagres. Sua sabedoria ensina a verdadeira arte de liderar. Sua ligação direta com o Grande Espírito clareia a nossa visão, mente e coração, dizendo que a vida vai além deste tempo linear que criamos. Ensina que o momento de viver é o agora, independentemente se você está na matéria ou em espírito.

Animais extremamente protetores, é muito difícil algo transpassar sua força majestosa. Os alces quebram e purificam energias sexuais desequilibradas. Ajudam na fertilidade e na potência sexual. Trazem paciência e resiliência, sendo bons observadores, nos guiando para agir no melhor momento possível. Nem antes, nem depois, mas no momento certo.

O alce esclarece que apenas conquistamos nossos sonhos quando realmente temos, primeiramente, amor-próprio. O alce, bem como o búfalo, traz a gratidão como ensinamento. Mas também ensina que devemos entender que somos merecedores dos nossos sonhos e de nossos desejos. O alce traz a potência feminina, guerreira, batalhadora e merecedora. É a conexão com o mundo extrafísico, e nos coloca dentro da sabedoria da ligação e do entendimento do círculo da vida, dizendo que todos estão ligados por fios tecidos pela Avó Aranha.

Alce me disse: *"A vida é uma batalha, mas não é por ser uma batalha que você deve transformá-la em uma guerra. Sinta a conexão. Olhe com carinho para si, entenda esse amor e viva o agora. Não o antes, não o depois, o agora. Ame e se deixe ser amado".*

Orixás: Oxalá, Logunã, Iansã, Oxum, Oxumaré, Obá, Oxóssi e Xangô.

Classificação na Alquimia Ancestral: PEREGRINOS.

Alma-de-gato

Um pássaro lindo, com várias lendas ao seu respeito. É conhecido por diversos nomes, como: alma-de-caboclo, alma-perdida, atibaçu, atingaú, atinguaçu, atiuaçu, chincoã, crocoió, maria-caraíba, meia-pataca, oraca, pataca, pato-pataca, piá, picuá, picumã, rabilonga, rabo-de-escrivão, rabo-de-palha, tincoã, tinguaçu, titicuã, uirapajé, urraca, pecuã e coã. Esse pássaro é parente muito próximo do cuco, aquela ave que está nos relógios antigos.

Uma das aves guardiãs das árvores e de toda a Jurema. Ela é uma ave feiticeira, cheia de capacidade de andar sem ser vista por outros animais e por feiticeiros mal-intencionados. Consegue quebrar e desestabilizar qualquer tipo de energia negativa. Tem a capacidade de ajudar a cicatrização de ferimentos emocionais e, até mesmo, ferimentos físicos que demoram a cicatrizar.

Sua ligação está na linha das Almas e dos grandes feiticeiros, pajés, ngangas e xamãs. Uma ave que não gosta de falar muito sobre seus poderes e feitos; gosta de ajudar no mistério. Sua força vai além da compreensão em palavras. Creio que o que mais traz a força desse grande animal é a sua lealdade, bem como a capacidade de perambular em várias realidades. Lealdade aos seus protegidos e a todos os animais que estão na mesma luta. Acredito que como o alecrim é o coringa das plantas, a alma-de-gato é um dos coringas dos Animais de Poder. Isso quer dizer que, se você não sabe como trabalhar com os Animais de Poder, pode pedir que ela o ajude no caminho, porque tenho certeza de que lhe mostrará o rumo certo

Ela ajuda na comunicação, ensinando o momento certo de falar e o de ficar calado. Cura corações aflitos e ansiosos. Ensina que as coisas mais belas neste mundo acontecem fora dos olhos dos outros, mas sempre aos olhos de Zambi. Está sem direção? Peça para essa grande feiticeira ajudá-lo a encontrar o caminho. Uma ave que auxilia no transe mediúnico e no desenvolvimento do contato com outras realidades. Ajuda no cuidado dos pajés no momento da travessia para o mundo dos espíritos. Guardiã, leal, corajosa, determinada e curadora – essas são algumas de suas habilidades-chave.

Orixás: Obá, Oxóssi, Xangô, Obaluaiê, Omolu, Nanã, Iansã e Ogum.

Classificação na Alquimia Ancestral: PEREGRINOS.

Anta

Entender esse Animal de Poder é compreender a verdadeira essência do altruísmo puro. Sua calma e sua paciência ensinam que nenhuma atitude deve ser tomada com sentimentos muito aflorados, seja com muita raiva, seja com muita alegria. Essa sabedoria traz o conhecimento de pisar na terra com leveza, sem fazer barulhos e estardalhaços.

Quando esse animal se mostra ao seu protegido, diz que está na hora de você ser mais sincero consigo mesmo e tratar a vida com sinceridade, humildade, carinho e doação, a fim de que sua existência seja mais serena. Sua sabedoria ajuda a encontrar as direções sagradas, principalmente o Norte e o Sul. A serenidade, atenção e intuição da anta mostram que você não precisa temer as surpresas da vida. Sempre precavida, sabe o momento de caminhar, observar e parar.

Sua medicina não diz apenas como caminhar, mas também como nadar com sabedoria nas águas do amor. Símbolo da entrega e do entrecruzamento da Fé, do Amor e do Conhecimento, ajuda a curar as feridas da alma que demoram a cicatrizar. Um animal que se joga em águas barrentas e sujas para resgatar quem precisa de ajuda. Mas faz isso porque conhece a si mesmo e nada com a supremacia de Oxum e Oxumaré.

Fareja a intolerância, o fanatismo e o preconceito a longa distância. Assim, lava toda essa negatividade nas águas de Oxum e Nanã. Mas também cura na força da terra de Obá, Obaluaiê e Omolu. A anta mostra que é se entregando que se recebe mais.

Orixás: Oxalá, Logunã, Oxum, Oxumaré, Oxóssi, Obá, Obaluaiê, Omolu e Nanã.

Classificação na Alquimia Ancestral: PEREGRINOS.

Aranha

As aranhas são as arquitetas do universo. São elas que tecem a Teia da Vida, e mostram que todo universo está ligado e entrelaçado. Auxiliam na recomposição do emocional perturbado e abalado. A aranha está relacionada à sensualidade e ao amor, porque sem ele não se constrói nada. Auxilia na criatividade de algo novo e ajuda a manter firmes as conquistas da vida. Fortalece a ligação entre familiares e amigos. Ela nos inspira para que possamos trazer as coisas Sagradas para nossas vidas. Fortalece nosso chacra coronal, tecendo uma ligação mais forte e consistente com o Alto. Ela está associada ao feminino e ao despertar da Grande Anciã. Traz independência e coragem para seguir as encruzilhadas da vida.

A aranha não tece sua teia por tecer, ela liga um ponto ao outro auxiliando no encontro de almas perdidas. Sua teia tem a força de segurar qualquer tipo de energia negativa. Ela tece sua teia protetora envolta em lugares sagrados para proteger você de investidas negativas e, quando isso acontece, ela captura, digere e encaminha essas energias a seus devidos lugares. Suas quelíceras cortam todo e qualquer tipo de amarração que perturbe o livre-arbítrio. As aranhas auxiliam no rompimento de relações tóxicas e abusivas. Sua teia une e traz energia para o verdadeiro amor entre duas ou mais pessoas. Ajudam na desintoxicação corporal e mental.

Orixás: Ogum, Iansã, Iemanjá, Oxumaré e Oxum.

Classificação na Alquimia Ancestral: PEREGRINOS.

Arara

As araras são muito parecidas com os papagaios e as maritacas. Elas possuem as mesmas características dessas aves, mas por terem alguns fundamentos e apontamentos a mais, resolvi separá-las. São animais comunicativos e mensageiros. Sua força está ancorada na Fé, no Amor, no Conhecimento, na Justiça, na Lei, na Evolução e na Geração. Sua sabedoria alcança todas as sete vibrações Divinas dentro da Umbanda Sagrada.

Sua longevidade nos mostra que devemos sempre resistir e seguir em frente. Não precisamos nos apegar a dificuldades do passado, mas, sim, quebrar os medos e os comportamentos errados, e transformá-los em adubo para espalhar todas as vibrações de Zambi. As araras são símbolos de amor, desejo e beleza em sua essência. Elas mostram que para amar precisamos retirar qualquer tipo de pensamento limitante e preconceituoso do nosso coração, pois onde reside o amor não há espaço para desrespeito.

Seu bater de asas é como se Iansã e Oxum nos abraçassem em um amor fraterno e gentil. As araras ensinam a equilibrar os sentimentos com relação aos desejos desequilibrados. Elas clareiam e refrescam nosso Ori com suas penas e vocalizações. Enfrentam todos aqueles que por algum motivo nos desejam mal. Elas usam o ódio, transmutando-o como adubo para trazer amor a quem não se sentir amado. As araras elucidam que não adianta combater ódio com ódio, mas, sim, com amor e boas palavras. Elas iluminam nossas mentes, ensinando que a arma mais poderosa é a fala, por isso devemos ter os sete sentidos da vida bem alinhados, a fim de que possamos ser aqueles que amparam e ajudam as pessoas a crescerem e alçarem voo, não ao contrário.

Tudo aquilo que dizemos é de nossa responsabilidade, portanto, devemos ter muito cuidado com o que jogamos ao vento, para depois não sermos cobrados pelo desvirtuamento daqueles que nos ouvem.

Orixás: Todos.
Classificação Alquimia Ancestral: PEREGRINOS.

Arraia

Representa a beleza e a elegância de mares e rios. Sua *Sabedoria Ancestral* protege as grávidas e as crianças. Seu abraço nos envolve em um amor fraternal da Grande Mãe Divina. Seu Axé, quando próximo, melhora a nossa ligação com nossa família e nossos Ancestrais. Traz o desejo da vida, melhorando nossa conexão com a Mãe Terra e todos os seres vivos do planeta. Ela traz sentimentos de empatia, amor, caridade, respeito, fraternidade, altruísmo e graça.

São Animais *Peregrinos,* tanto por descarregarem grandes energias densas quanto por trazerem, aglutinarem e expandirem sentimentos puros e cristalinos. Sua suavidade nos ensina a nadar entre as marés da vida. Trazem consigo a liberdade emocional, paralisando nossos excessos e, principalmente, encerrando sentimentos de posse, ciúmes e qualquer tipo de desejo perturbado. Sua elegância melhora nosso amor-próprio e nos ensina sobre o verdadeiro amor. No silêncio, fazem com que mergulhemos fundo em nossas emoções para encontrar nossa alma.

São animais que melhoram nossa intuição. Ajudam no desenvolvimento mediúnico, trazendo a paz e acalmando nossos corações e nossa mente. Trazem criatividade, melhorando as viagens xamânicas. Ensinam sobre a arte da camuflagem.

Orixás: Oxum, Iemanjá, Oxalá, Omolu, Nanã e Obaluaiê.
Classificação na Alquimia Ancestral: PEREGRINOS.

Asno, Burro, Jumento e Mula

No nosso cotidiano, essas palavras têm senso conotativo pejorativo, isto é, são uma espécie de xingamento. Mas quando pensamos em Animais de Poder e no entendimento da Sabedoria Divina, nada é pejorativo. Tudo existe por um motivo e por uma qualidade Divina. E a sabedoria do asno não tem nada de negativa. Escrevendo hoje sobre o burro, entendi por que alguns Guias/ Mentores da Umbanda chamam os aparelhos assim.

A medicina da mula trabalha muito com a questão de adaptação e superação de qualquer limite, quebrando qualquer barreira, seja um limite imposto pela sociedade, seja pela nossa mente paralisada. Quando o asno se aproxima do nosso campo, nos auxilia no equilíbrio mental, emocional e espiritual. A sabedoria do jumento está ligada à luz do Sol e ao calor que esquenta nossa pele, dando esperança de um novo dia.

O equilíbrio, a resistência, a determinação e a inteligência emocional do burro são tão firmes e sinceros, que nos ensinam que a vida não é injusta. Estamos onde devemos estar por causa de nossas próprias atitudes, sejam elas desta vida ou de outras. Com isso, ele nos traz a sabedoria para podermos aprender a ter firmeza e resistência para carregar e suportar o peso da existência. A mula diz o que devemos carregar ou deixar para trás. Sua determinação é tão precisa com seus filhos e filhas que ensina que dizer não é um ato de amor, primeiramente, consigo mesmo, depois com o outro. Limites devem ser estabelecidos para uma convivência saudável e plena, isso se chama respeito.

O burro é um instrumento Divino; sabe muito bem como agir dentro do que a Lei determina. Sua inteligência educa por meio do exemplo; se você quer ser uma boa ferramenta, deve aprender a servir o Sagrado com respeito e disciplina. Sua medicina ajuda na desconstrução de ódios, pensamentos vingativos e rancores. Auxilia na abertura da clarividência e vidência. Guiado pela luz do Sol, seu altruísmo é único, ensinando o verdadeiro sentido da palavra sacrifício.

Orixás: Oxalá, Xangô, Egunitá, Iansã e Obá.
Classificação na Alquimia Ancestral: PEREGRINOS.

Avestruz e Ema

São *Animais Totens* que, quando aparecem na trilha de seu protegido, vêm trazendo autoperdão, perdão e gentileza. Sua sabedoria ensina que devemos aprender a perdoar nossos próprios erros e entender que errar é natural, portanto, devemos soltar isso para dar espaço a um novo ser nascer, e também para que nosso coração não sufoque. O perdão é algo a ser praticado, pois assim entendemos o que precisamos, ou não, carregar e que todos podem errar. Devemos olhar com os olhos do avestruz e da ema, e trazer gentileza e amorosidade para todos os nossos relacionamentos.

O *Espírito Ancestral* do avestruz e da ema é carregado de fertilidade, ensinando que podemos sonhar e criar tudo à nossa volta, desde que isso esteja ancorado no sentido do amor à vida. São extremamente amorosos com seus protegidos, aquecendo com muito amor os corações aflitos. Também são bastante protetores, não deixando nenhum tipo de mal e energia negativa se aproveitar, muito menos, se aproximar de quem o avestruz e a ema guardam. Extremamente violentos com aqueles que têm a intenção errada com as coisas. São altamente reativos a pessoas falsas e mentirosas.

O avestruz e a ema ensinam estabilidade emocional, aquecendo nossas almas com suas penas. Ensinam também que devemos ser resistentes à aridez da vida e praticar o amor sempre. Eles nos educam drasticamente, dizendo que nada se combate com revolta e ódio desenfreados. A boa vida é construída por meio de disciplina e consistência. É direcionando as energias para o que realmente importa que conseguimos andar com mais velocidade e firmeza.

Sua medicina vai contra os ensinamentos eurocentristas de ter para ser. O avestruz e a ema dizem que o melhor da vida é o desapego e a adaptabilidade para se viver em qualquer lugar do mundo. Quando sinto o avestruz ao meu lado, o Mestre de Umbanda que sinto junto é o Cigano. E isso diz muito sobre amor, adaptabilidade, fogo sagrado e magia. O avestruz sopra gentileza, amor, fartura e prosperidade em nossos caminhos.

O avestruz bica nossa cabeça para retirar paradigmas errôneos e também para amolecer a cabeça dura, trazendo maleabilidade para os pensamentos. Pensamentos engessados e dentro de molduras premeditadas não levam a lugar algum.

Orixás: Oxum, Oxumaré, Oxóssi, Obá, Ogum, Iansã, Xangô, Egunitá, Obaluaiê e Omolu.

Classificação na Alquimia Ancestral: PEREGRINOS.

Babuínos

Os babuínos têm as mesmas características dos macacos em geral, mas como aparecem algumas características a mais, resolvi descrevê-los com um pouco mais de detalhes. Apesar de terem alegria e desenvoltura como todos os macacos, os babuínos estão ligados ao Mistério Ancião e não ao Sul, como os outros macacos. São altamente corajosos e protegem todos aqueles que amam com muita agressividade e ferocidade.

Seu *Axé Ancestral* ensina como conviver em sociedade, mas ninguém deve perder sua individualidade. Exigem do seu protegido ordem e disciplina. Ensinam que para bom aprendizado e organização é preciso que entendamos suas funções e compreendamos sobre hierarquia. Trazem autoconhecimento e nos ensinam que para saber viver devemos nos compreender, assim como entender o outro. Sua energia melhora a expressão do nosso eu interior e melhora nossos laços familiares. Mostram o respeito pela vida e, por meio do exemplo, nos educam, fazendo com que entendamos os ciclos da vida e da natureza.

Babuínos são guardiões da sabedoria e do conhecimento. São reis e rainhas que esquentam a nossa vida para trazer vitalidade, prosperidade. Sua presença melhora a libido e traz o prazer para a existência.

Orixás: Oxalá, Xangô, Egunitá, Obá, Oxóssi, Ogum, Obaluaiê, Omolu e Nanã.

Classificação na Alquimia Ancestral: PEREGRINOS.

Baleia

É a Grande Donzela do Mar e da Vida. Ela é o registro Ancestral de toda a vida da Terra. Alguns dizem que é apenas da ancestralidade do mar, mas isso não é verdade. A baleia guarda na sua imensa alma todos os acontecimentos da vida neste planeta. Esse animal tem uma sabedoria mais antiga que o elefante.

Essa grande sereia do mar ensina que a verdadeira força vem da paz, mas se a paz for quebrada, sua coragem e força são implacáveis. Um animal que gosta de estar nas profundezas, e nos auxilia a mergulhar nos nossos abismos de consciência e de alma para que aprendamos com isso. Baleias representam a resistência e a capacidade de aguentar todo e qualquer tipo de pressão, mas em algum momento é necessário um refúgio para poder subir e respirar, para novamente mergulhar nas profundezas.

Baleias adoram viver de forma solitária, mas possuem uma ligação extremamente forte com a família. Sua Sabedoria Ancestral melhora nossa criatividade e nossa intuição, ajudando no nosso desenvolvimento humano e instintivo ligado às forças da natureza. Têm uma Medicina Ancestral que está ligada desde Oxalá até Iemanjá, permeando todas as sete vibrações e mergulhando cada vez mais fundo nos Mistérios da Vida. Senhoras da vida, da paciência e da resiliência, mostram que a vida caminha, ou melhor, nada em barbatanas lentas, mas não é por se tratar de um processo lento que ele não sai do lugar.

A sabedoria dessas grandes senhoras do mar nos ensina que precisamos peregrinar e migrar para aprendermos onde as águas são melhores para nossa consciência, espírito e alma. Suas vocalizações atingem o mais fundo do nosso ser, quebrando toda e qualquer fonte e energia negativa que nos rodeiam. Sua vocalização é de paz, amor, inteligência, equilíbrio, direcionamento, transformação e criação.

Quando uma baleia chega à nossa vida, com certeza, há o rompimento de várias crenças, para o crescimento, o amadurecimento e a transformação de novas ideias, conhecimentos e atitudes. A baleia ensina que nosso aparecimento deve ser claro, luminoso e cheio de respeito; ou seja, mesmo que você goste da solidão, quando for "ter contato" com o mundo exterior, faça isso de forma contundente, prazerosa, graciosa e iluminada.

Quando somos acompanhados por essas lindas donzelas do mar, elas nadam suavemente ao nosso redor com sua vocalização, a fim de nos proteger e ensinar sobre o real sentido da vida. É nesse momento que você deve parar, escutar e sentir o amor emanado por elas. As baleias dizem que a vida material representa, na verdade, muitas vidas, mas cada vida é de ensinamento único, então viva com prazer, respeito e dedicação em cada encarnação.

Baleias são dóceis e amáveis, porque sabem que não são necessários guerras, ego aflorado e bestializações de sentimentos para se viver. Carregam também um instinto superprotetor e toda a sabedoria das profundezas, para revidar e curar qualquer coisa, se for preciso. Sua longevidade mostra que a evolução do mundo é lenta e não necessita de pressa alguma.

Orixás: Todos.
Classificação na Alquimia Ancestral: PEREGRINOS.

Besouro

Os besouros ou escaravelhos estão dentro de várias culturas. No Egito, eles são considerados Deuses, e existem várias lendas mitológicas sobre esses grandes Animais de Poder. Como *Peregrinos,* conseguem expandir e decompor energias. Na fase larval, decompõem o que precisa, para que na forma de besouros alcem voo para a Luz da Sabedoria.

Seu aparecimento remonta à renovação e à transmutação. O besouro é um guardião da vida e da morte. Sua característica é de converter estados de misérias em abundância, transformando esterco em ouro. Trabalha em sentimentos sexuais desequilibrados. Encerra processos de ciúme e egocentrismo. Ele mostra que mesmo nas dificuldades, com dedicação e foco correto, consegue-se encontrar o verdadeiro tesouro. Sua carapaça indica que podemos nos tornar firmes, pois as dificuldades são para nos deixar com o couro grosso. Alguns besouros têm asas ou chifres, mostrando a ligação com o ar e com o Alto. O besouro ajuda no equilíbrio dos sentidos, mostrando que sentimentos nefastos devem ser afastados para que a balança da vida fique equilibrada e o Sol volte a brilhar.

Seu arquétipo indica que, para conseguir a Luz da Sabedoria, deve-se aprender com as experiências da vida. Sua forma de romper com as barreiras do tempo e sua firmeza de propósito mostram que o conhecimento vai muito além do que os olhos podem enxergar e, também, que a balança da vida nunca erra. Sua medicina ensina que nossos erros e as porcarias que fizemos no decorrer de nossa caminhada devem ser adubos, não chumbo. O besouro sinaliza que está na hora de você recobrar os sentidos da vida e seguir sua verdadeira trilha.

Vá voando ou caminhando, mas vá. Não se prenda a pensamentos que aprisionam nem deixam você viver a vida em sua forma mais plena. O pecado está nos olhos daqueles que querem barganhar um local no paraíso. O besouro diz que todo o dia é dia de se aquecer aos Olhos de Zambi, e que o paraíso é o momento que estamos vivemos. Ele também fala que devemos ser casca grossa, mas ouvir igualmente nosso coração.

Orixás: Todos.
Classificação na Alquimia Ancestral: PEREGRINOS.

Bicho-preguiça

Este Animal de Poder ensina que a vida não tem pressa, nem deve ser acelerada por nossos caprichos. Sua sabedoria mostra que devemos ter a compreensão de nossos movimentos, e que cada movimento, mesmo lento, sempre deve ser dado com firmeza e para a frente. A preguiça esclarece que, muitas vezes, na vida o melhor ataque ou a melhor ação é, na verdade, não ter ação nenhuma. Não é questão de ficar em cima do muro, mas simplesmente saber o momento certo e não desperdiçar energia de modo desnecessário.

Seus ensinamentos trazem o conhecimento mais profundo da vida, esclarecendo a ligação com a Mãe Terra e com o Alto dos Céus. Sua sabedoria é tão intensa que nos ensina a reciclar nossos pensamentos e emoções. Com calma e tranquilidade, ela educa e, assim, mostra que a existência deve ser simples e leve. A preguiça aponta que existem coisas na vida que não precisamos carregar, mas há outras que devemos carregar conosco. O que nos sustenta realmente são as nossas atitudes bem alinhadas com nossos pensamentos direcionados com simplicidade e verdade.

O bicho-preguiça auxilia em nosso desenvolvimento pessoal e mediúnico, apontando e direcionando o que é realmente Sagrado (espiritual e Divino) ou profano (materialidade). Esse grande Animal de Poder ensina sobre a verdadeira caridade e humildade, mostrando e educando na arte da troca de saber dar, mas também saber receber. A preguiça nos dá várias perspectivas e olhares de vida, para que possamos entender a vida ao nosso redor. Ela ensina a ver o mundo com olhos de mãe, para que entendamos que todos nós temos a possibilidade de caminhar e aprender neste mundo. Também, que é no silêncio que conseguimos aprender mais e, consequentemente, chegar mais longe em nossas existências.

Orixás: Oxalá, Nanã Buruquê, Omolu e Obaluaiê.
Classificação na Alquimia Ancestral: PEREGRINOS.

Bode, Carneiro, Cabra e Cabrito

O bode é um Animal de Poder majestoso e magnífico. O problema é que, por paradigmas, foi associado ao Diabo pela Igreja Católica, sendo um animal temido ou odiado. Os Animais de Poder são a essência primordial dos instintos e a vitalidade de Exu. E, por esse motivo, aqueles que não se conhecem, nem conhecem seus próprios limites, acabam temendo algo que vai além dos seus olhos.

Bode, carneiro, cabra e cabrito representam a presença do equilíbrio e nos ensinam que se quisermos subir as grandes montanhas do mundo, devemos desconstruir pensamentos que escravizam nossa mente, alma e espírito. Seu aparecimento traz alegria e felicidade. Eles mostram que devemos parar de focar a escassez e começar a agradecer pelo que temos, mesmo que aos nossos olhos nossas conquistas sejam poucas ou singelas. Sua sabedoria diz que aquele que agradece pelo que tem pode ser agraciado com muito mais. Sua magia ensina a nos adaptar com o que temos e onde estivermos, a fim de sermos mais prósperos e abundantes. A vida de verdade não é linear, mas, sim, um círculo cheio de surpresas.

Sua medicina esclarece que se tivermos determinação, coragem, bom coração, bom senso e fé, vamos superar quaisquer obstáculos para, assim, caminhar em direção à Luz da Sabedoria. Eles esclarecem que para viver devemos ter clareza mental, a fim de conseguirmos ter firmeza e autocontrole. E isso é encontrado por meio da busca pelos sete sentidos da vida e do autoconhecimento. Com esses aprendizados, esses animais nos cercam, ensinando sobre liberdade e respeito.

A vida pode ser dura conosco, mas não é por isso que devemos ser áridos com os outros. O bode ensina a aproveitar o que a natureza nos oferece com muito bom humor. Esses animais nos provocam para podermos sair da inércia e da paralisia. Trazem para nossa vida virilidade, feminilidade, respeito ao Masculino e Feminino Sagrado, além de equilíbrio, para entendermos a firmeza da Terra que pisamos. O bode ensina a dar e a receber.

O carneiro nos pressiona e empurra para prosperarmos. Ele faz isso, nem que precise dar umas cabeçadas em seu protegido para ele caminhar. Com o carneiro não existe recuo ou andar para trás. Passo para trás é apenas para pegar impulso para se lançar à frente, nem que seja a trancos e barrancos.

Orixás: Omolu, Obaluaiê, Oxalá, Logunã, Xangô, Egunitá, Oxóssi, Obá, Iansã e Ogum.

Classificação na Alquimia Ancestral: PEREGRINOS.

Borboleta

A borboleta é o símbolo do renascimento, da beleza e da transmutação. Seu espírito está ligado à leveza da vida, pois voa serena para polinizar as flores. Seu Axé nos ensina a liberdade de voar e de ser o que se deseja nesta vida. A criatividade faz parte de sua energia e nos libera para podermos alcançar voos inimagináveis com essa sabedoria.

Ela também ensina sobre paciência e calma que devemos ter para nos transformar e reformar. Nada acontece de um dia para outro. Tudo é um processo lento e que exige disciplina, acontecendo no tempo e momentos exatos. Sua beleza enche o coração e a nossa vida de luz e alegria, mostrando que a delicadeza vence o mau humor e o desrespeito.

Todos olham apenas a beleza externa da borboleta. Quando ela sai do casulo, imediatamente, precisa esticar suas asas. Nesse momento, mostra que toda modificação duradoura, que transformará a sua vida em algo belo, necessita de esforço, embora deixar velhos hábitos para trás possa ser um processo doloroso e difícil. Sua graça embeleza a vida e traz esperança, mesmo nos momentos de dificuldade.

Seu bater de asas traz liberdade, abundância, prosperidade, alegria, dedicação, esforço, superação e o abrir de olhos para o novo. A borboleta ensina que tudo tem sua fase e nada é estático neste mundo, pois temos a liberdade de nos reformarmos a todo o momento.

Orixás: Oxalá, Oxumaré, Logunã, Obaluaiê e Iansã.

Classificação na Alquimia Ancestral: PEREGRINOS.

Búfalo, Boi-almiscarado e Bisão

O búfalo é o Grande Guardião do Norte. Com sua imponência, traz um norte para a nossa vida, clareando em nossa mente e em nossos corações o que realmente é importante. Traz a firmeza da Terra, mas o movimento e a transparência do Ar. O búfalo traz o sopro da vida em seus pulmões, carregando todo o nosso ser com sua fortaleza e Sabedoria Ancestral.

O bisão traz a ligação entre o espiritual e a matéria, auxiliando na captação do Axé do Alto e materializando aqui na Terra. Esses grandes totens trazem o equilíbrio e a direção certa a seguir. Eles ajudam a concretizar nossos sonhos, oferecendo abundância, fartura e prosperidade.

A coragem é algo transmitido instantaneamente para nós com o aparecimento desses animais. O búfalo, por exemplo, ensina a valorização da unidade e da comunidade, mostrando que uma comunidade bem unida consegue formar uma unidade bem coesa e firme. É um animal firme e forte que consegue trafegar em várias dimensões. Seu instinto é feroz e indomável. Em manadas, os búfalos protegem os seus, colocando o protegido no meio de um círculo formado por toda a manada e por outros animais da tribo Ancestral.

São animais fortes e extremamente disciplinadores, ensinando que a vida precisa de ordem. A solidez de nossos sonhos é concretizada com a capacidade que temos de nos conectar com o Alto e trazer essas informações para a Terra. São símbolos também de paciência e autoconhecimento, conseguem decantar tudo e qualquer tipo de energia prejudicial. Quebram, destroem, esmagam e pisam em cima do ódio, da maldade, do mau-caratismo e da infidelidade.

Dentro da cultura nativa norte-americana, o búfalo é o animal mais sagrado, pois é ele que cede toda sua carne, pele e ossos para a sobrevivência de todos. O búfalo representa a gratidão e o contato direto com o Grande Mistério, Zambi. Seu caminhar é calmo e tranquilo, já que entende que a vida não se faz com pressa. Ele representa o equilíbrio entre o Sagrado Feminino e o Sagrado Masculino, ensinando que tudo isso trabalha em unidade.

O búfalo traz respeito, tolerância e gratidão por tudo na vida. Esse animal sabe exatamente seu papel e quer ensinar isso à humanidade. Sua sabedoria remonta a toda a ligação de tudo no universo, desde a partícula de areia até a estrela mais longínqua. Feche os olhos e sinta a respiração quente desse animal trazendo o sopro da vida para a sua essência vital.

Orixás: Iansã, Egunitá, Oxalá, Logunã, Obaluaiê, Omolu, Ogum, Xangô, Nanã, Obá e Oxóssi.
Classificação na Alquimia Ancestral: PEREGRINOS.

Cachorro

É o Animal de Poder cujo sobrenome é lealdade. O cachorro conhece muito bem esse termo e diz que para ser leal com o outro, primeiramente, você deve ser leal consigo mesmo. Os primeiros passos para essa lealdade é não mentir para si sobre seus sentimentos e pensamentos, porque só assim você conseguirá ver o que está "certo e errado" em sua vida, seja para melhorar, seja para manter.

O cachorro, por conhecer muito de si mesmo, não se afeta por qualquer coisa neste mundo. São animais que transmitem estabilidade, podendo ser emocional, espiritual e mental, para então nos auxiliar na conquista de estabilidade material. Com essa fortaleza, eles nos protegem e guardam com muita seriedade e amor, conseguindo ir até o mais baixo e voltar com um sorriso no rosto pela missão cumprida; também, ir ao mais alto com a perseverança de nos levar a sermos melhores.

Eles não têm vergonha de amar e de serem amados. Ensinam que a pureza deve ser preservada em nossos corações. Portanto, não há espaço para que mantenhamos rancores e mágoas em nossas vidas. Mas não confunda essa pureza com ingenuidade, pois aqueles que não respeitam a Lei e a Ordem vão sentir o poder de sua mordida e de sua ação disciplinadora feroz.

Existe aquele ditado que diz que cachorro não larga o osso. E isso significa muita coisa. Esses animais magníficos sabem educar com a verdadeira sabedoria da amizade e da fidelidade. Trazem a confiança e a esperança de um mundo muito melhor. Para esses animais, não existem problemas indissolúveis nem, muito menos, tristeza eterna. Vivem o agora de forma tão intensa que o amor explode apenas com a presença dessa divindade. Suas lambidas curam nosso coração e as feridas do espírito. Onde há pureza e esperança o mal não prospera, muito menos cria raízes.

Cachorro é o amor incondicional de verdade.
Orixás: Oxum, Oxumaré, Ogum, Iansã, Oxalá, Obaluaiê e Omolu.
Classificação na Alquimia Ancestral: PEREGRINOS.

Calau

Calau é símbolo de firmeza de pensamento e de que nenhuma emoção ou pensamento negativo podem abalar seu ser. Calau é majestoso em seu voo e sua energia está muito ligada à mente. A prosperidade e a abundância se criam por meio de uma mente saudável, pensante e iluminada pela Luz da Sabedoria.

Calau também é símbolo de fertilidade e virilidade. O tucano está ligado às sete linhas da Umbanda no coração, já o calau está ligado a essas mesmas sete linhas por meio da mente e da força do pensamento. Sua Medicina também está relacionada à Ancestralidade, com o respeito aos mais velhos, e o entendimento da sabedoria daquele que vem antes e tem muitas experiências a serem compartilhadas.

Essa ave é a primeira a ser criada por Zambi, por isso é responsável pela guarda de anciãos e velhos xamãs, pajés e ngangas. O calau é o princípio dos voos xamânicos, junto às grandes águias, é o guardião dos ares e fiel a suas responsabilidades. Calau ajuda na recuperação da sobriedade mental, afastando ilusões criadas pela mente e pelo coração. Auxilia no aprimoramento do bom senso e no entendimento de que a Lei Divina é responsável pelas cobranças.

Combate pensamentos viciados e ajuda a quebrar preconceitos mediante o conhecimento. O calau traz a certeza para nossos pensamentos de que em um futuro próximo sempre há esperança. Uma ave que ensina que mesmo que possamos voar em nossos pensamentos, precisamos estar com os pés também no solo, para que nossas atitudes sejam condizentes com a realidade na qual estamos inseridos.

Calau é um pássaro feiticeiro e está ligado a Ajés (feiticeiras) e às Iyami Oxorongá. Os calaus normalmente trabalham à esquerda dos Orixás, ora "punindo", ora ensinando. São grandes mestres e sábios. Seus ensinamentos, como de outros animais, vão além das páginas de um livro. Sua vocalização nos ensina a nos comportar em todos os lugares para os quais nos dirigimos. São pássaros que nos mostram como as forças Divinas atuam em cima, embaixo e no meio; muitas vezes, podem ser até temidos, mas tenho certeza de que são mais admirados quando compreendidos. Lealdade é uma palavra-chave para essa ave magnífica. Quem o tem em sua família, pode ter certeza de que o

calau jamais vai esquecê-lo, pois vai acompanhá-lo por toda a eternidade. Além de combater os adversários, nos avisa sobre os perigos do caminho, a fim de que possamos nos preparar.
Orixás: Todos.
Classificação na Alquimia Ancestral: PEREGRINOS.

Camelo e Dromedário

Camelo e dromedário, quando atravessam nossa trilha da vida, vêm nos sinalizar que estamos caminhando conforme nosso espírito e nossa alma dizem. Não existem caminhos perfeitos ou premeditados, mas, sim, os ensejos e as desenvolturas que nossa alma e espírito desejam para nosso crescimento além da matéria. Sua presença traz coragem e perseverança. Eles nos ensinam que a resistência do caminho correto pode nos levar a grandes oásis, onde a fartura, a abundância e a prosperidade irão nos alcançar. O caminho pode ser difícil, mas desistir nunca é uma opção.

Sua sabedoria traz resistência emocional, espiritual, mental e material. Quando aceitamos nossas dificuldades e forças, compreendemos o que somos e o que podemos melhorar, aprimorar e manter. Por consequência, conseguimos carregar o fardo com mais leveza e objetividade. Sua medicina cauteriza feridas espirituais e emocionais. Sua manifestação sinaliza nobreza e realeza. Sua energia está ancorada no senso de justiça, por isso devemos estar atentos aos aspectos de nossas vidas para observar se estamos sendo nobres ou não.

São Animais de Poder extremamente mágicos, Mestres da Magia do Fogo, das Águas e dos Cristais. Ensinam que a vida é sagrada, e que os encontros com o Divino e as Divindades devem partir de nossa vontade, pois somos quem precisa caminhar para aprender. Sua presença ajuda a estabelecer limites em nossas vidas, não deixando que pessoas indesejáveis permaneçam muito tempo ao nosso lado, mas isso deve partir de nossa vontade e atitude de afastar os indesejáveis e de nos conectarmos com pessoas melhores.

O dromedário traz a consciência de si e do caminho que deve ser percorrido. Por esse motivo, ensina que nada sólido e abundante é feito sozinho, mas com a cooperação e sabedoria de todos unidos. Ele ajuda a estabelecermos nossa consciência na Luz da Verdade e na sabedoria do Divino e da Realeza, digerindo ilusões, falsidades e iluminando nossas ignorâncias.

Sua presença quebra paradigmas e dogmas que existem há tanto tempo e apenas nos cegam. Esses animais ensinam respeito e lealdade. Sua energia aquece nossos desejos, traz elegância, sensualidade e vigor para nossas vidas. Eles trazem um harém de amor e sabedoria.

Orixás: Oxalá, Xangô, Egunitá, Ogum, Iansã, Oxum e Oxumaré.
Classificação na Alquimia Ancestral: PEREGRINOS.

Canário

É um Animal de Poder imponente, a despeito de seu pequeno porte. Esse animal ensina que menos é mais, com certeza. Sua sabedoria está ancorada no que realmente é preciso carregar nesta vida ou nas entrevidas. Sua vocalização ensina o momento e a hora de nos comunicar, pois o silêncio também fala, mas o verbo usado na hora correta é transformador.

Muitas vezes, estamos perdidos e não sabemos qual caminho seguir. Nesse momento, você deve invocar a sabedoria e a presença desse animal em sua vida, pois essas aves vão ajudá-lo a tomar decisões para empurrá-lo ao caminho correto. Com seu canto e seus voos, os canários trazem o conhecimento a seu protegido e ajudam-no na sua expansão. São exímios na busca desse conhecimento, por isso também ajudam a encontrar habilidades e autoconhecimento, melhorando a sabedoria de seu protegido. São aves que auxiliam no autoperdão e ensinam a perdoar o próximo.

Essas maravilhas são majestosas com o amor. Ensinam a encontrar vários sentimentos perdidos, para que o amor-próprio se estabeleça e, por fim, essa pessoa também encontre seu par ideal. Sua Medicina Ancestral, com base no amor e no conhecimento, ajuda a delimitar seu círculo pessoal e não deixa que pessoas e magias indesejadas atravessem essa barreira. Se algo interfere nesse limite pessoal, não há dúvidas de que esse Animal de Poder vá bicar e tentar afastar esse abuso. Sua sutileza no amor é o que traz essa firmeza na proteção. Com sua vocalização, os canários chamam outros Animais de Poder

na resolução de problemas e na necessidade de que seu protegido precisa. Sua força, além de ser do ar, também é mineral.
Orixás: Oxum, Oxumaré, Oxóssi, Iansã e Ogum.
Classificação na Alquimia Ancestral: PEREGRINOS.

Capivara

É símbolo da realeza feminina das águas, da coragem e da força. A capivara, quando atravessa a trilha da vida, vem para trazer abundância de sentimentos, pensamentos e fartura na vida material para aqueles que a escutam. Sua presença mostra que precisamos ter mais agilidade e rapidez nas nossas atitudes, porque muitas vezes existe apenas um pequeno momento em que conseguimos obter nossos sonhos, e será nesse pequeno espaço que encontraremos o Ouro.

Sua Ancestralidade remete aos instintos de maternidade, trazendo amor e dedicação às crias. Muito adaptável, é excelente nadadora e boa corredora, adaptando-se a vários ambientes. Com isso, ela mostra que bem-sucedido é aquele que se adapta com rapidez e tem criatividade na vida. Ela ensina que fertilidade não está apenas em gerar algo, mas também manter e sustentar esse Axé.

A capivara mostra que a esperteza é estar de olhos e ouvidos bem abertos para o que acontece ao nosso redor. Sua Medicina ajuda na compreensão de nossos sentimentos e desejos mais profundos. Ela mergulha na nossa alma e na mente para decantar, perdoar, curar, direcionar e amar todas nossas negatividades e mágoas.

Com a energia da realeza feminina, traz o senso de comunidade e de liderança. Sua presença ensina ao homem o respeito à matriz e ao culto aos nossos Ancestrais geradores.
Orixás: Xangô, Oxum, Oxumaré, Obá, Iansã, Nanã e Iemanjá.
Classificação na Alquimia Ancestral: PEREGRINOS.

Caranguejo

Esse Animal de Poder traz o amor e a sabedoria das Mães-d'água. Muito ligado às águas da vida, auxilia na transformação e na transmutação das "más águas" presentes em nossas vidas, em amor, compaixão, alegria, e cria uma força motriz para seguir adiante. A presença desse Animal de Poder em nossas existências, com certeza, irá ajudar a nos desvencilharmos e cortarmos sentimentos e mágoas desnecessários para nossa caminhada. Vida é alegria, não peso e desânimo.

Sua armadura protetora também resguarda seu protegido. Suas garras, potentes e afiadas cortam laços energéticos com pessoas tóxicas e abusivas. Os caranguejos alinham nossos pensamentos com nossos propósitos e, assim, melhoram nossas atitudes para conseguirmos realizar nossos sonhos. O caranguejo nos transmite coragem para enfrentar novos desafios e ensina que precisamos nos movimentar para criar o que necessitamos. Sua sabedoria esclarece que está na hora de colocar agilidade, esperteza e criatividade em suas ações, neste momento pelo qual está passando.

Apesar de sua carapaça forte e resistente, ele ensina que a força não está nos músculos, mas no coração, alinhado com uma mente saudável. O coração é a força motriz, mas quem alimenta isso são nossos pensamentos altruístas e amáveis com o mundo que nos cerca. A perseverança desse animal ensina que precisamos mergulhar nas nossas profundezas emocionais para alcançarmos a cura. O caranguejo é guardião das profundezas abismais, junto aos polvos e às baleias.

Suas garras dão sustentação para mantermos nossas vidas. Muitas vezes, precisamos segurar com força nossos sonhos, para que nenhuma ressaca leve-os embora: o caranguejo ajuda nessa perseverança. Prosperidade é a capacidade de mantermos as bênçãos que recebemos, e isso o caranguejo ensina com maestria.

Sua sabedoria diz que precisamos ser firmes, com caráter, para conseguir algo sustentável e durável em nossas vidas. Senão, tudo será efêmero e passageiro. Ele ensina sobre comunicação e melhora nosso comportamento com nossos relacionamentos. Caranguejo disse: "*Sua força está dentro do seu coração, não fora dele. Segure seu verdadeiro Amor com firmeza, mas também com docilidade, para que as águas lavem e curem suas mágoas. Mergulhe dentro de si e recicle aquilo de que não precisa. E não tenha medo do externo, porque eu estou aqui para protegê-lo*".

Orixás: Ogum, Iansã, Oxum, Iemanjá, Nanã, Oxumaré, Obaluaiê e Omolu.

Classificação na Alquimia Ancestral: PEREGRINOS.

Castor

Útero Divino da criatividade, o castor derruba nossas ignorâncias para podermos reconstruir nossa casa novamente com uma estrutura mais recheada de Axé. Cria várias barragens à nossa volta para nos proteger das investidas da maldade. Essas barragens também têm a finalidade de concentrar boas energias, a fim de que possamos ter mais fluidez e equilíbrio em nossas vidas.

Nossos sonhos aparecem para ser concretizados. E o castor ensina que tudo se constrói com dedicação, disciplina, esforço e trabalho. Planejamento é muito importante em nossas vidas, mas se não houver atitude nada sai do lugar e, assim, acabamos sendo poças inertes de água. O castor cria novas rotas e oportunidades para o fluxo do rio da vida correr novamente. Sua inteligência mostra o que devemos represar e o que devemos descartar.

Nada é construído sem uma base e alicerces firmes. Portanto, devemos ter alicerces espirituais, mentais, emocionais e materiais muito bem definidos para construirmos uma vida favorável. Sua presença acaba com ócio e procrastinação. O castor ensina que nada é feito sozinho, e que confiança é a base dos relacionamentos. Os castores são fonte de prosperidade e de abundância.

Orixás: Oxum, Oxumaré, Iemanjá, Oxóssi e Obá.
Classificação na Alquimia Ancestral: PEREGRINOS.

Cavalo

Um dos meus animais preferidos, tanto como animal aqui na Terra quanto como Animal de Poder. Já expliquei que a finalidade dos cavalos na Terra nem sempre é a mesma que no mundo espiritual. Mas experimente olhar nos olhos de um cavalo e veja que ele consegue alcançar e ler seu coração.

Existe um ditado nativo norte-americano que diz: *"Quem tem cavalos tem poder, coragem e força"*. Os cavalos são majestosos e, quando atravessam nosso caminho de desenvolvimento espiritual, nos colocam em seus lombos, transmitindo coragem, resistência, poder, liberdade, limites e força para alcançarmos com maior maestria e facilidade o Sagrado. O cavalo ajuda em voos astrais longos e mais complexos. Compartilha conosco tudo o que possui.

Os cavalos são sinceros, leais e extremamente companheiros. Ensinam onde podemos beber a água mais limpa para nosso desenvolvimento mediúnico e pessoal. Auxiliam em nossa busca por pastos mais verdes, mostrando que o movimento é essencial à sobrevivência, e que não há nada de errado em procurar pastos novos e melhores.

Esses Animais de Poder ajudam a irmos a galope a nossas memórias Ancestrais, trazendo momentos de aprendizado de vidas passadas para esta encarnação. Eles são guardiões desses limites, e ensinam que com respeito, amor e amparo da Lei Divina conseguimos resgatar esses ensinamentos. Ajudam em nossa clarividência, melhorando nossa visão a respeito do mundo espiritual. Sua medicina traz força e sabedoria para nosso poder pessoal. Melhoram nossa intuição, ensinando que devemos ouvir nosso coração e também nosso espírito.

São altamente protetores, nunca aparecem sozinhos, sempre estão em bando, no qual o mais velho resguarda todos os outros e coloca seu protegido no meio do círculo para transmitir os ensinamentos da manada. Seus ensinamentos são passados por meio do alinhamento dos nossos pensamentos e, também, de coração a coração. Ensinam sobre resistência, dedicação e perseverança. Auxiliam na expansão de nossa consciência, ensinando sobre liberdade e respeito. Quando estão perto, sentimos nossos músculos contraírem, e nossos braços e pernas ficam mais firmes, pois transferem um pouco dessa fortaleza para nosso corpo mediúnico. Seu relinchar aquece nossos corações. Sua respiração traz coragem e força. A batida de seus cascos espanta eguns e kiumbas.

Orixás: Oxóssi, Xangô, Ogum, Logunã, Iansã, Egunitá, Oxum e Obá.

Classificação na Alquimia Ancestral: PEREGRINOS.

Cervo

O cervo ou veado, como alguns chamam, evoca e invoca gentileza, delicadeza, ternura, sensitividade, prazer e conexão com o Grande Espírito. Suas galhadas mostram a existência de várias verdades que podem chegar ao Grande Espírito e alcançar a sabedoria de Zambi, basta ter humildade, amor e lealdade para consigo mesmo.

O cervo convida você a olhar para as verdades da vida com mais amor, carinho e ternura. O hábito de reclamar não é saudável, e mostra que é melhor ficar alerta para as oportunidades da vida do que ficar se queixando. Esse Animal de Poder vem comunicar que você precisa ter mais agilidade em seus movimentos, esperteza e estado de alerta para não deixar as oportunidades passarem, nem permitir que pessoas mal-intencionadas o enganem.

Sua Medicina afasta amarguras do coração, e indica que está na hora de você olhar para dentro da sua alma para poder encontrar o Sagrado. O veado traz alegria e intuição, ensinando o desenvolvimento mediúnico e abrindo o chacra frontal. Sua sabedoria esclarece que agora não é momento de guerras nem de desavenças, e você deve resolver seus conflitos por meio de ponderação, gentileza, amor e ternura. Agora é a hora de você colocar as coisas em movimento, adaptando-se, mas sem perder a sensualidade, a graça, a elegância e o charme.

Sua força está ligada à fertilidade e fecundidade. O Sagrado Feminino e o Sagrado Masculino podem ser representados pelo cervo. Ele é símbolo de realeza. Sua docilidade e ternura revelam que precisamos andar nas trilhas em silêncio para evitar que olhos e bocas indesejáveis nos toquem.

Orixás: Logunã, Oxum, Oxumaré, Iemanjá, Obá e Iansã.
Classificação na Alquimia Ancestral: PEREGRINOS.

Cisne e Ganso

Os poderes destas aves estão tanto no masculino quanto no feminino, pois estão ligadas à fecundidade e fertilidade. São arquétipos do amor e da proteção do casal, e do que se é mais caro nesta existência: o amor e a própria vida. São símbolos de realeza e de coragem, pois, ao passo que estão trazendo amor, prosperidade, abundância, são também exímios protetores.

Ensinam o respeito a várias formas de amor, porque o amor não se julga, não se repele, muito menos é reflexo de ódio e preconceito. O amor é o que é, sem demagogia e sem restrição. Essas aves representam a beleza e a intuição, tocando nossa alma e ensinando que a vida é mais do que os olhos carnais alcançam, além disso, que ciclos fazem parte dos processos de amadurecimento.

Cisne é Ele e também Ela, pois é transformação e renascimento. Quando esse animal dança com sua graciosidade pelas águas da vida, Ele(a) ensina como encarar os rancores e as mágoas de nosso coração. Essa ave ensina a encontrar e ir ao encontro da nossa aceitação, para entendermos que somos fontes do Amor Divino e estamos todos amparados pelo Grande Mistério.

O cisne está aí para mostrar a sutileza da vida e que, para caminhar sobre o rio do nascimento, precisamos estar conectados com o nosso espírito e a fecundidade de nossa alma. Dessa forma, as respostas ficarão claras como a água na qual nos banhamos. Ele rompe com o véu da ilusão, para podermos ir mais longe com nossos sentimentos, pensamentos e atitudes.

O cisne ensina sobre vitalidade e que precisamos aprender a colocar o leme em nossas vidas. Ao mesmo tempo que necessitamos ir mais longe e romper limites, também existe o momento de colocar os pés na terra para sentir a firmeza do chão onde pisamos, a fim de que, quando nadarmos nas águas, possamos ser levados pela sutileza do Amor Divino. Ele também corta a nossa ilusão de controle e ensina a aceitar tudo que acontece em nossas vidas como um manancial de aprendizado.

Sua força evoca a renovação e o renascimento. Ensina a viver o agora em contato com o Alto e esclarece que Deus é tudo aquilo que nos cerca, e que precisamos honrar tanto o masculino como o feminino em nossa vida. Essa ave nos guia por meio de sua graça, ajuda a melhorar nossa fala e auxilia a apurar nossa sedução.

O cisne ensina confiança e lealdade para os Mistérios Divinos. Essa ave nos guia pelos sonhos. Ela nos faz passar pelas realidades com o emocional aflorado, mas com a mente ligada e conectada com o universo. Ela diz: *"Deixe sua intuição lhe falar e confie no Grande Mistério, aceite quem você é, siga, vá e nade para a sua liberdade e o seu Amor Divino"*. Traz a fluidez da vida e a sensualidade.

Orixás: Oxum, Oxumaré, Obaluaiê, Iemanjá, Logunã e Iansã.
Classificação na Alquimia Ancestral: PEREGRINOS.

Condor e Abutre

Os condores e os abutres são as aves majestosas e magníficas dos céus. São Animais *Peregrinos* por planarem tanto no polo positivo como no negativo, e o condor faz isso com facilidade e maestria. Guardião do Sol e do mundo espiritual, tem muito a ensinar. Com sua força e sabedoria, essa ave ajuda o Sol a se levantar todos os dias.

Aves soberanas dos ares, ensinam como podemos alcançar altos voos sem muito esforço, e até mesmo com muito peso. Sua visão chega a encontrar do alto qualquer fonte negativa de energia e, assim, descem com velocidade para se alimentar. Após se alimentarem e digerirem essas frustrações, sobem ao alto para serem purificadas com a Luz do Sol e dos Grandes Ventos. Isso diz muito sobre a sua capacidade de nos entender na materialidade e também de nos carregar, para purificarmos nossos pensamentos, sentimentos e espírito.

Sua visão mostra que o planejamento e o olhar para a frente podem fazer com que evitemos aborrecimentos e tristezas. Sua Medicina cura nossos egocentrismos e nos ensina a ter equilíbrio entre a Terra e os Céus. Elas orientam a ter movimento na vida e sermos aquecidos pela chama da Fé e do Conhecimento, a fim de que renovemos todas as nossas atitudes.

Aves com capacidade de cortar a barreira do tempo e de realidades, nos levando a alçar grandes voos xamânicos. Elas ensinam que nossas negatividades não devem ser âncoras para buscarmos nossa melhora e a de nossa comunidade. Sua compreensão da nossa realidade e da "humanidade" chega a ser até maior do que nós mesmos conseguimos entender. São Animais de Poder que nos olham nos olhos, sem desviar o olhar, e nos aceitam do jeito que somos, sem preconceito. Ensinam que precisamos nos autoconhecer cada vez mais, para aprendermos a subir aos céus e descer aos infernos, se for necessário. Mestres da Magia e do conhecimento Ancestral da Terra, do Ar e do Fogo, ensinam que a morte material não é o fim e a vida é infinita. Instruem que é na simplicidade que encontramos o caminho correto para caminhar.

Sua sabedoria arquiteta em nossa mente que não precisamos ligar para o que os outros pensam, ao contrário, devemos acreditar em nossos potenciais e buscar sempre melhorar, não aos olhos dos outros, mas, sim, aos olhos do Grande Mistério Zambi e, principalmente, aos nossos corações.

Orixás: Oxalá, Logunã, Ogum, Iansã, Oxóssi, Obá, Oxumaré, Xangô, Egunitá, Obaluaiê e Omolu.

Classificação na Alquimia Ancestral: PEREGRINOS.

Curruíra

Um pássaro que é símbolo de resistência, adaptabilidade, equilíbrio e abundância. Uma ave que ensina que para sobreviver neste mundo precisamos respeitar a Mãe Terra, pois é Ela quem fornece todas as condições para vivermos. Seus ensinamentos estão muito ligados ao equilíbrio e ao respeito onde se vive. Assim, também aprendemos a utilizar o que a natureza ou a humanidade fornecem.

Um Animal de Poder que não possui questionamentos, pois é a Lei e a Justiça juntas, iluminando nossos caminhos escuros. As curruíras seguem o fluxo do vento, acreditando com fé no que o mundo pode lhes proporcionar. Elas mostram que podemos ir a qualquer lugar, desde que o respeito sempre permaneça. Sua sabedoria esclarece que os ventos da vida podem nos levar a vários lugares, até mesmo a locais que não compreendemos. A curruíra diz que se estivermos compenetrados em nossos propósitos, com o coração bem alinhado com a mente e com o espírito, na matéria as coisas se ajeitam. Curruíra é fé, confiança e esperança. Ela coloca provações e sentimentos desconfortáveis para aprendermos a lidar com esses sentimentos.

Orixás: Oxalá, Xangô, Egunitá, Iansã, Ogum, Logunã, Obá e Oxóssi.

Classificação na Alquimia Ancestral: PEREGRINOS.

Elefante

Um dos maiores animais da Terra e com uma capacidade de memória muito melhor do que a dos seres humanos. O elefante é extremamente ligado à sua família, a qual quem guia é uma grande matriarca. A sabedoria do elefante ensina a esperança e que sempre encontrará o caminho de casa e, se for preciso, trilhará novos caminhos derrubando os obstáculos.

A sabedoria dos elefantes é tão imensa quanto seu tamanho. Eles são guardiões da Sabedoria Ancestral da Mãe Terra. São a memória de toda a criação, até mesmo do momento em que o homem e a mulher foram criados, porque eles estiveram lá. Suas presas voltadas para baixo mostram a conexão com a Terra. São símbolos de concentração e determinação. Seus olhos enxergam nossa alma e nosso verdadeiro ser sem máscaras. Com o colo de Avôs e de Avós, mostram nossa verdadeira face.

Os elefantes são símbolos da verdade. Sua sabedoria cura tudo ao seu redor. São extremamente comunicativos e nos ensinam a arte de falar o necessário. Sua disciplina e hierarquia são grandes a ponto de nos revelar que sem organização não chegamos a lugar algum. Sua sabedoria está ligada a todas as vibrações Divinas. Elefantes são amáveis, mas também muito protetores, e ensinam a andar pelas trilhas da vida. Sua Ancestralidade indica que o caminho pode ser longo, e na grande maioria é, mas sempre encontramos o que viemos procurar.

Orixás: Todos.
Classificação na Alquimia Ancestral: PEREGRINOS.

Escorpião

Muitos acreditam que o escorpião está ligado ao elemento água, sim, também está, mas sua força está mais para o fogo. Ele consegue muito bem andar pelo meio do caminho, pois é encontrado tanto em desertos como em florestas densas e, até mesmo, nas cidades. É a representação e a ligação do feminino, onde sua força está acesa dentro do equilíbrio do mundo. Sua ligação com o Sol também é muito forte.

Ele ensina sobre o calor da vida. Está muito ligado a sensualidade, desejo, sexualidade, vigor e adaptabilidade. É um animal que vive a maior parte do tempo solitário, e isso lhe trouxe a capacidade de conseguir conectar-se mais a fundo consigo. Sua cura é profunda e intensa, porque ele consegue atravessar a escuridão e ir muito além para encontrar os ferimentos da alma. Traz consigo lealdade, respeito, equilíbrio, proteção, renascimento e, óbvio, direcionamento.

Muitos acreditam que o escorpião ataca: muito pelo contrário, ele só ataca se for incomodado. Seu veneno não é para destruir, mesmo que pareça, mas, sim, para proteger aqueles que ama e guarda. Tem a capacidade de rastrear e encontrar perigos e acabar com eles ou, até mesmo, despistá-los. Suas quelíceras e seus pedipalpos (garras) cortam qualquer tipo de negatividade. Escorpião é rei, ou melhor, é rainha.

No Egito antigo, existia o culto a uma divindade chamada Selkis, e sua representação era um escorpião. Ele equilibra as nossas emoções. Suas garras cortam amarrações amorosas. Escorpião traz a liberdade de se caminhar, e ajuda na compreensão de nosso caminho nas areias do deserto, corta nossas agonias e medos.

Orixás: Xangô, Egunitá, Oxum, Oxumaré, Iansã, Omolu, Obaluaiê.

Classificação na Alquimia Ancestral: PEREGRINOS.

Esquilo e Cutia

Quando pensamos em Animais de Poder, imaginamos apenas animais grandes, robustos e imponentes. Mas o esquilo, com sua sutileza e esperteza, traz grande sabedoria. De pequeno só tem o tamanho, pois a Luz que esse animal emana é tão grande e acolhedora que preenche todo o nosso coração.

Sua Medicina Ancestral traz a luz da esperança, da confiança. Assim dizendo, sábio é aquele que caminha com sutileza e leveza pela vida. Inteligente é aquele que não joga palavras ao vento, mas sabe ficar em silêncio para poder caminhar com suavidade pelas trilhas da existência. Sua força está ancorada na memória Ancestral do Grande Avô Sol e das Grandes Avós Árvores. Sua confiança é tão grande que dificuldades são apenas nozes em suas mandíbulas.

Esses animais nos ensinam que precisamos ter paciência para caminhar, mas também devemos ser ágeis e espertos na hora de agir. Ensinam a arte da troca: dar, receber e poupar. Devemos sempre entregar boas virtudes ao mundo e à comunidade que nos acolhe e, assim, seremos agraciados com a Luz Divina de Zambi. O ensinamento do esquilo diz que somos aquilo que guardamos em nossos corações. Guardar positividade fará com que, ao longo da vida, semeemos frutos verdadeiros e iluminados nos caminhos. Assim, todos têm a possibilidade de se fartar com abundância.

A energia do esquilo é tão acolhedora que não deixa ninguém ser abandonado. Auxilia na reconciliação e melhora dos nossos relacionamentos, principalmente os familiares. Sua energia também esclarece que devemos abandonar a ilusão do controle absoluto e deixar que a corrente do vento sopre a nosso favor. O esquilo não teme nada, pois sabe que os Orixás o guiam. O esquilo me disse que aquilo que fazemos no silêncio e com atitudes voltadas ao Norte, conseguimos obter mais sucesso.

Orixás: Oxalá, Logunã, Xangô, Egunitá, Oxóssi, Oxum, Ogum, Iansã e Iemanjá.

Classificação na Alquimia Ancestral: PEREGRINOS.

Formiga

Um animal tão pequeno em tamanho, mas imenso em sua magia. As formigas podem ensinar e curar coisas que estão nos incomodando por tanto tempo, que parecem que nem existem mais.

Quando uma formiga atravessa nossa trilha da vida e se apresenta, é necessário prestar muita atenção em seus ensinamentos, pois são recheados de profundidade, força, resistência, paciência, organização, cooperatividade, lealdade, etc.

Uma formiga nunca está só. Ela mostra a capacidade de servir como ninguém. Ensina que devemos olhar para dentro de nós para achar aquilo que perdemos, porque agora está na hora de encontrar. Sua Medicina mostra a ligação com o todo, porque não há como conquistar algo sólido sem cooperação e solidariedade. As formigas ensinam que existem vários caminhos para a felicidade e para a construção de sonhos e de uma vida, mas que nenhum se constrói sem paciência, dedicação, trabalho e disciplina. Elas mostram que persistência, foco e trabalho direcionados rendem frutos inimagináveis. Ensinam que lealdade vai muito além de apenas falar.

Formigas protegem muito seu protegido, pois uma colônia tem a capacidade de rastrear e encontrar qualquer tipo de energia negativa e consumi-la em pequenos segundos. Elas "entram" em quaisquer frestas e podem tomar conta do lugar muito rápido. Sua agressividade é alinhada dentro da Lei Maior. Quando a lealdade está bem alinhada com sua força, elas nos protegem, fazendo um círculo espiralado e não deixando nenhum tipo de energia nos atrapalhar. A formiga vai além do tempo e da visão.

Orixás: Ogum, Xangô, Iansã, Egunitá, Oxalá, Logunã, Obaluaiê e Omolu.

Classificação na Alquimia Ancestral: PEREGRINOS.

Gafanhoto

Muitos acreditam que gafanhotos são pragas, pois apareceram em vários presságios apocalípticos. Mas eu não creio nisso. Na verdade, eles são criaturas que nos alertam e nos mostram que devemos mudar nossos pensamentos e ter mais fé em nossas vidas. Eles são pragas para aqueles que vivem em um mundo de ilusão, acreditando que são os "seres mais iluminados do mundo".

São animais muito ligados à terra, mas com capacidade de sonhar e de dar saltos para a frente. Eles nos ensinam que quando estamos firmes em nós mesmos e temos o conhecimento necessário, não precisamos ficar esperando o "momento certo", mas devemos dar um salto de fé, acreditando em um futuro melhor. Gafanhotos, quando estão nos acompanhando, trazem fartura, prosperidade e coragem para seguirmos novos caminhos.

Ajudam-nos na comunicação, seja ela qual for. Auxiliam em projeções astrais e viagens à nossa "linha temporal", em que podemos ter acesso a conhecimentos antigos e de vidas passadas. O gafanhoto traz a coragem e o ensinamento de que é preciso renovar para conseguir novos resultados. Como um Animal *Peregrino*, é óbvio que também consegue nos proteger de investidas negativas de pessoas cegas pelas trevas da ignorância. Sua capacidade de devorar e devastar florestas inteiras mostra que consegue destruir ilusão, burrice, ignorância, ódio e rancor emanados para seus protegidos. Sua força vem da terra, mas sua coragem está no ar.

Orixás: Logunã, Oxóssi, Obá, Ogum, Iansã e Oxumaré.

Classificação na Alquimia Ancestral: PEREGRINOS.

Gaivota

Um Animal de Poder que quando se manifesta junto a nós para ensinar disciplina, hierarquia e liberdade. Uma ave que permeia várias realidades, sabe como entrar nos lugares e sair deles, conseguindo indicar muito bem isso a nós. Ela ensina sobre limites. Esse limite diz que onde termina o meu começa o do outro e, nesses momentos, deve haver respeito.

Ela diz que liberdade é ter conhecimento do seu potencial e, com isso, entender que podemos fazer tudo. Mas nem tudo é necessário ou deve ser feito. O respeito pela vida e por todos os seres criados por Olorum é enorme vindo dessa ave. E, com certeza, isso ela passa. Sua sabedoria ajuda na nossa comunicação, melhorando nossa fala e nosso posicionamento.

Com essa consciência de Criação Divina, ela transmite a sabedoria de que no mundo não existem injustiças concebidas pelo Divino. Portanto, estamos sempre no lugar onde devemos estar, sempre por um propósito Divino, pois tudo neste mundo é obra d'Ele(a). Com isso, também a gaivota traz a paciência e a força de que precisamos para nos adaptar a tudo e a todos os lugares que estamos. Sua sabedoria ensina sobre respeito ao lugar e ao Guardião daquele ambiente.

Para a gaivota, todos os ventos são favoráveis. O que precisamos aprender é como aproveitar tudo na vida da melhor forma possível. Ela mostra que devemos fazer tudo sempre com economia e usando o mínimo de esforço, pois o vento sempre estará favorável. Nesse momento, para aproveitar esses ventos, necessitamos ser criativos, e aqui ela, da mesma forma, nos ajuda.

Sua Medicina Ancestral ajuda na cura física e mental, organizando tudo em nossa cabeça, para que a cura material se estabeleça. O aparecimento de uma gaivota é sempre sinal de esperança e de que tudo vai se renovar.

Orixás: Oxalá, Logunã, Ogum, Iansã, Iemanjá, Omolu, Obaluaiê e Oxumaré.

Classificação na Alquimia Ancestral: PEREGRINOS.

Galinha-d'angola

A sabedoria de um líder, de um Rei e de uma rainha está na consciência desse Animal de Poder, trazendo o senso de comunidade, mostrando que um Rei e uma Rainha trabalham em prol da construção de uma sociedade plena em todos os aspectos.

Quebra e desliga todo tipo de energia negativa. Consegue esmiuçar vários lugares até achar o cordão que liga a energia nefasta e quebrá-lo, assim, com a ajuda da Lei, devolve toda essa quinquilharia para quem enviou.

A galinha-d'angola ensina que devemos sempre estar em movimento, porque o movimento não deixa que nada de ruim nos prenda. Sua presença traz fertilidade a uma terra que talvez neste momento esteja árida e seca. Sua Medicina ensina que devemos proteger tudo aquilo que para nós tem valor. E quando falo isso, não estou me referindo a dinheiro, mas, sim, a família, amigos e todos nossos relacionamentos positivos que nos ajudam a crescer como pessoas e nos tornarmos cada vez mais humanos.

Sua Medicina instrui que mesmo fazendo o bem, o mal sempre pode estar rondando ao nosso lado. Por esse motivo, devemos estar sempre atentos ao que acontece ao nosso redor. Ensina que o mundo pode ser cruel, mas devemos acreditar em uma esperança plena, porque assim sempre conseguiremos dar a volta por cima. Ela mostra que nós mesmos podemos nos tornar caminhos (na verdade, já somos, mas por algum motivo esquecemos), e para que isso se torne realidade, devemos ser firmes em nossas atitudes e pensamentos e, obviamente, coesos com tudo. Porque, mesmo que a bondade sempre seja nossa estrada, não estamos livres de maldade externa, por isso a vigilância constante.

Ela traz inquietação e movimento, pois a inquietação é que faz com que a procrastinação não crie morada e, assim, o movimento possa trazer sempre a renovação. Mas igualmente ensina que a inutilidade da vida também é útil.

Orixás: Xangô, Oxóssi, Ogum, Iansã, Egunitá, Obá e Oxum.
Classificação na Alquimia Ancestral: PEREGRINOS.

Galo e Galinha

Aqui lembrando que o galo e a galinha fazem parte da mesma potência. Um traz toda a potência, a fartura, a virilidade, a sexualidade, o vigor e a fortaleza do masculino; a outra traz toda a potência, a fartura, a imponência, a sexualidade, a sensualidade, a fertilidade e a fortaleza feminina. O galo e a galinha são as potências viris e estimulantes do feminino e do masculino. Ambos ensinam o Sagrado Feminino e o Sagrado Masculino. São Guardiões da luz do dia e da noite sombria, juntos anunciam sempre a esperança de um novo despertar.

São símbolos da vigilância espiritual e guerreira; protetores da vida e anunciadores de boa sorte e fertilidade. Esses Totens Animais têm a facilidade de levar luz às trevas. Combatem a ignorância e são exímios protetores e protetoras. Retiram de nossa mente, corpo, espírito e coração energias negativas. Bicam e nos estimulam a andar, retirando o ostracismo.

Sua sabedoria rompe a barreira do tempo e são grandes conhecedores(as) de magias tão antigas que se perderam no tempo do esquecimento. Sua Medicina ajuda a procurar e ciscar o que precisamos melhorar desta e de outras vidas. Ajudam na premonição e na intuição.

Vão proteger nossa família e nos ensinar a como fazer isso. Trazem a prosperidade e a fartura. Elucidam nossos caminhos, melhorando nossa comunicação e nos doutrinando a sermos mais positivos e olharmos para a luz da esperança. Mostram que se quisermos ser prósperos, devemos cultivar bons relacionamentos, porque nada neste mundo se constrói sozinho.

O galo é rei e a galinha é rainha. São Mestres da comunicação e auxiliam nas mensagens da espiritualidade. Melhoram a nossa racionalidade. Trazem empoderamento e confiança.

Orixás: Iansã, Egunitá, Obá, Logunã, Oxum, Ogum, Oxóssi, Xangô. Oxumaré e Oxalá.

Classificação na Alquimia Ancestral: PEREGRINOS.

Gato

Guardião dos portais do universo e, também, do mundo dos vivos com o mundo dos mortos. O gato, com a sua indiferença, lidera sua autoconfiança sem se importar com a vida dos outros, nem com o que os outros pensam. Gatos têm a facilidade de peregrinar sobre vários mundos e polaridades. Nada passa despercebido aos seus olhos.

Sua presença ensina que devemos prestar mais atenção às nossas intuições, para poder caminhar com leveza e discrição, pois a intuição aponta onde devemos pisar. Sua Medicina cura nossos medos, e diz que devemos confiar em quem nos acompanha, bem como na luz da Lua na escuridão. Os gatos nos guiam por meio de sua determinação, mostrando o que devemos perseverar em nossas atitudes.

É uma sabedoria misteriosa, que ensina por meio do silêncio, da calma e da agilidade. O gato é o contrário da euforia do cachorro, dizendo que para ouvir nossos poderes ocultos devemos ficar em silêncio. Mestres do ocultismo, os gatos transmutam as energias em algo de seu interesse. São verdadeiros *Alquimistas* animais. Essa divindade respeita apenas a Lei, e entende que Ela (a Lei Divina) se manifesta por intermédio de seus desejos e instintos, fazendo apenas aquilo que lhe cabe, nem mais nem menos, "apenas" o necessário.

Os gatos ensinam a resiliência, e indicam o que é possível fazer com as ferramentas que temos em nossas mãos. Sua sabedoria diz que não devemos gastar energia à toa, mas, sim, com aquilo que realmente é necessário. A gata entende seu instinto e compreende seu desejo, e sabe que sua sensualidade e sexualidade não devem explicação para ninguém. Seu empoderamento é representação da Energia Divina Feminina, que faz encontrar essa feminilidade em nossos corações.

Sua sabedoria também está ligada à fecundidade. Os gatos ensinam que o amor vai muito além de palavras: são atitudes que importam. E onde há compreensão, confiança e respeito, há amor. Mostram e dizem que existem várias manifestações de amor, e se estiver dentro dessa trindade de compreensão, confiança e respeito, não são os olhos ou a língua venenosa dos outros que irão dizer o contrário. Amor é amor, e ponto-final.

Orixás: Oxum, Oxumaré, Obaluaiê, Omolu, Iemanjá, Iansã e Logunã.
Classificação na Alquimia Ancestral: PEREGRINOS.

Girafa

É o maior animal terrestre do planeta Terra. Mas apesar do seu tamanho, é um animal silencioso e calmo, contudo, também não se engane, pois seu coice e sua "cabeçada" são extremamente fortes.

As girafas mostram que mesmo com os pés extremamente firmes no chão, devemos aprender a olhar o mundo como um todo e, claro, além dos nossos próprios olhos. Sua Sabedoria está ligada ao tempo, à humildade e à fé. A girafa consegue olhar o que vem de trás, de frente e dos lados, a uma distância além dos olhos humanos. Ela ensina que a intuição deve ser ouvida, porque a intuição é a forma como o nosso Ori se comunica conosco. Ela diz que a empatia é uma das mais belas formas de amor e de compreensão do mundo.

A girafa me ensinou que para beber água limpa precisamos ficar de joelhos e, muitas vezes, ficamos vulneráveis, mas acreditando na fé que Zambi tem na humanidade, nunca estaremos desamparados. Ela me guiou dizendo que quando temos humildade para ficar de joelhos, conseguimos beber água fresca e nos curar para, então, enxergar o mundo com mais leveza e clareza. E quando levantamos com a fé estabelecida, enxergamos muito além do horizonte e, de uma forma integral, associamos todos os seres desse planeta. A girafa ensina que estamos ligados entre o céu e a terra, e que nossa consciência pode nos levantar ou nos derrubar.

Sua Sabedoria diz que devemos ter criatividade para caminhar nesta terra e ficar sempre atentos a tudo o que está à nossa volta. Nossos pensamentos devem estar alinhados com nosso coração e nossas atitudes, para podermos encontrar nosso verdadeiro espírito. Resistência faz, igualmente, parte de sua sabedoria. Ela ensina que o silêncio também fala e que, muitas vezes, é mais acolhedor que uma palavra. Quando enxergamos o horizonte, conseguimos visualizar o alto e o embaixo. A girafa ensina que a renovação é constante.

A girafa disse: *"Para olhar o mundo com mais clareza, desapegue-se de seus pensamentos e de suas vivências, olhe com olhos neutros que você entenderá o que o outro está passando. Quando isso acontecer, aí sim estará vivendo a empatia de verdade".*

Orixás: Oxalá, Logunã, Obá, Oxumaré, Iemanjá e Oxum.
Classificação na Alquimia Ancestral: PEREGRINOS.

Gnus e Antílopes

Esses animais são aqueles que mais representam os Animais de Poder *Peregrinos*. Sua capacidade de proteção, expansão e diluição de energias negativas é fantástica. São animais que mostram e ensinam o que é a verdadeira abundância, pois nunca estão sós, mas em manadas de grandes bois-cavalos.

O aparecimento do gnu na nossa trilha da vida é para trazer a coragem de um cavalo e a resistência e a força de um búfalo. Esse animal traz a essência desses dois animais em um só. O gnu ensina que a família é algo importante, e que essa união fraternal faz com que alcancemos nossos sonhos. Também sucesso, abundância e prosperidade de verdade em grupo, principalmente, com aqueles que caminham ao nosso lado em todos os momentos.

Sua força Ancestral dita que precisamos prestar mais atenção às nossas relações dentro da nossa casa. Você precisa ter um olhar mais atento para aqueles que estão ao seu redor, a fim de construir uma base sólida para as adversidades externas. O gnu educa por meio do senso de comunidade, em que cada qual na manada ou no bando sabe o que deve ser feito. Ele ensina que a busca da felicidade e por pastos mais verdes deve ser constante, e que o movimento é sempre necessário.

Seus pés firmes no chão mostram que precisamos ter o equilíbrio da razão, mas seus chifres tocam os céus, ensinando que necessitamos estar também alinhados com o Divino. Isso quer dizer que, para concretizarmos algo, precisamos estar alinhados com as quatro esferas da vida e, principalmente, buscar algo no Alto para trazer para a matéria. Gnu é símbolo de dedicação, comunicação, fartura, disciplina, coragem, fé, garra, determinação, esperança, família e amor pelo que se é de verdade.

Sua Medicina Ancestral também está ligada à paciência, uma vez que, para percorrer grandes caminhos, é preciso paciência e resiliência. Existe a necessidade de ter cautela e inteligência na hora de agir. Mesmo que o objetivo seja alcançar novos pastos, a verdadeira felicidade e o amor estão em aceitar o caminho e aproveitá-lo da melhor forma possível. Sua coragem espanta a fraqueza de pessoas que apenas querem se aproveitar da nossa energia. Sua força está bastante ligada à Terra e ao reconhecimento de sua Ancestralidade. O gnu esclarece

que precisamos saber sempre de onde viemos e nunca esquecer nossas raízes, porque nossa essência é a fagulha Divina que dá combustão para nossa existência.
Orixás: Todos.
Classificação na Alquimia Ancestral: PEREGRINOS.

Golfinho/Boto e Orca

A inteligência e a criatividade dos mares estão representadas por esses grandes Animais de Poder. O boto-cor-de-rosa está até no folclore brasileiro. Esses animais guardiões da vida, da nobreza, da alegria e da pureza. Sua sabedoria está intimamente ligada com a propulsão, a criação e a fertilidade da vida. Os botos, os golfinhos e as orcas aparecem para trazer o desejo de viver e a alegria do sorriso verdadeiro.

Sua inteligência ajuda a trabalhar nosso emocional, equilibrando com nossas atitudes e falas. Seu aparecimento é para retirar o opaco da vida e começar a olhar para o colorido. São hábeis em explicar sobre estratégias para conseguirmos conquistar nossos sonhos. Mostram que necessitamos ter estratégias e planos bem definidos, mas também precisamos de amor e força de vontade para fazer as coisas acontecerem.

Sua Medicina Ancestral cura nossas infertilidades, trazendo potência e determinação para nossas vidas. Esses animais ajudam na vitalidade sexual e também na compreensão de nossos desejos. O golfinho mostra que a vida deve ser prazerosa e não apenas voltada a sofrimento e penitência, mas, sim, a alegria, prazer e diversão. Eles nos ensinam a ficar em silêncio, a fim de que possamos ouvir nosso coração e entender por que sentimentos negativos reverberam em nossas atitudes, também para compreender o mundo dos sentimentos que nos rodeiam.

Esses animais nos ensinam a lidar com nossos desejos perturbados e saber como agir neste mundo material que, muitas vezes, é repleto de ilusões. A sabedoria desses animais educa a compreender a vida com a pureza de uma criança, isso quer dizer que sempre teremos a possibilidade de aprender. Tornar-se criança, no aspecto dos golfinhos, é colocar-se nos braços e sermos embalados pelos queridos Pais e Mães Orixás. Assim, desfrutar dos verdadeiros prazeres e conhecimentos da vida, porque a vida e nossos relacionamentos devem ser vividos com profundidade, amor, alegria, dedicação e felicidade.

A vida não é sofrimento ao olhar de um golfinho. Esses animais são persistentes e corajosos, sempre impulsionando seu protegido para a frente, a fim de que ele adquira a coragem de enfrentar seus medos. São exímios saltadores do tempo.

Orixás: Logunã, Iansã, Ogum, Iemanjá, Oxum e Oxumaré.
Classificação na Alquimia Ancestral: PEREGRINOS.

Gorila

O Rei está de pé, com os pés firmes no chão. Sim, o gorila é o Rei sobre e sob a montanha. Guardião da Terra, seu passo é firme e concreto, não há espaços para deslizes. Sua Sabedoria está ligada à sua paciência e forma de liderar. Um Animal de Poder que diz que o silêncio é um ensinamento, mas também esclarece que o uso do verbo na hora correta é extremamente necessário. A frase que me vem à cabeça quando falo desse animal é: "*Silêncio, o Rei chegou e está de pé*".

O gorila ensina a verdadeira maneira de portar-se de um rei. Os gorilas são superprotetores e amáveis com todos da sua família. Trazem a força bruta e rústica, mas educam para que o uso da força bruta só se dê em último caso. A tolerância, a paciência e o equilíbrio devem ser as primeiras atitudes. Eles mostram que um verdadeiro rei/líder governa para seu povo, e ensina por meio do exemplo e de sua firmeza de caráter. Sua Sabedoria traz firmeza para lidarmos com novos desafios e superarmos os antigos.

O aparecimento desse majestoso Animal de Poder elucida que você deve dar mais confiança à sua sabedoria interna. Ele esclarece que todos somos reis e rainhas do nosso próprio ser e que, para vestirmos nossa coroa, devemos ser humildes. Isso diz muita coisa, principalmente que devemos saber quem somos de fato e qual é nosso lugar no ciclo da vida. Essa majestade ensina que precisamos ouvir nossa alma, mas para isso acontecer, necessitamos silenciar nossos pensamentos para que Zambi fale conosco.

Símbolo de liderança, amor fraternal, força, proteção, adaptação e firmeza, os gorilas são grandes protetores da Terra e do sentido da vida. Para esses animais, não existem problemas intransponíveis e batalha perdida. Eles caminham sobre as quatro patas, mas com todo o corpo sustentado pelos dedos das mãos. Isso mostra que a simplicidade e a coragem são o que os sustentam, porque são pequenos gestos que estruturam toda a nossa vida.

Orixás: Xangô, Egunitá, Oxóssi, Obá, Obaluaiê, Omolu, Nanã.
Classificação na Alquimia Ancestral: PEREGRINOS.

Gralha-azul

Uma ave que, em 1984, tornou-se símbolo do estado do Paraná. Ela é conhecida por ser a guardiã das araucárias do Paraná, outro símbolo do estado. Sua existência na Mata Atlântica é fundamental para a preservação do meio ambiente.

Uma ave que no estado do Paraná é envolta de mistérios. Lendas locais dizem que ela era totalmente negra ou parda, mas quando escolheu plantar as araucárias, Deus lhe presenteou também com a coloração azul. Então, ficou com a sua cabeça negra e o corpo todo azul.

Outra lenda diz que, quando ela estava dormindo no tronco de um pinheiro e foi acordada por batidas de machado, ficou tão assustada que voou muito alto para falar com Zambi, que lhe disse para pegar os frutos das araucárias e plantá-los, para repovoar essa árvore Ancestral. Quando Olorum viu sua disciplina e sua dedicação, também lhe presenteou com penas azuis, da cor do céu.

Essa ave tem uma simbologia muito forte no Paraná. Sua Medicina Ancestral, com certeza, vai além de nossos olhos e palavras. Uma ave que ensina disciplina, organização, dedicação e determinação. Ela mostra por meio de seu exemplo uma devoção pela terra e pelos céus. Traz a verdade de nossas raízes. Ensina o poder da comunicação e que podemos crescer, mas nunca devemos esquecer o solo onde pisamos e o ar que respiramos.

Uma ave que traz fartura, mas ensina que para isso precisamos também fazer por merecer. Ensina a encontrar o Sagrado dentro de nossos corações; mostra que a vida é um verdadeiro milagre e uma bênção, explicando que os Céus, a Terra, o Vento, a Lua, o Sol, o Fogo, ou seja, a natureza em si é totalmente Sagrada, sendo a melhor forma de conversar e encontrar Tupã.

Sua coragem está também em ser a grande guardiã da Lua nas noites mais fechadas. Isso instrui que ela esteja nas noites mais escuras, contudo, iluminadas pela Mãe Lua para proteger seus guiados ou, como falamos na Umbanda, seus cavalos. Sua coragem e voracidade auxiliam a espantar e manter longe eguns e até alguns kiumbas. Suas bicadas são fortes e determinadas. Essas aves plantam a semente Ancestral em nossos corações e esclarecem que só conseguimos prosperar quando cada um faz a sua parte na comunidade, sem ficar reparando ou maldizendo o vizinho do lado. A gralha-azul ajuda a romper laços destrutivos e canta para trazer a verdadeira harmonia. Ela ensina que o amor tem várias vocalizações, basta apenas ter coração para sentir e coragem para seguir.

Ela me disse que devemos ser plantadores de boas atitudes e de boas palavras, e não de rancor, raiva e ódio, pois destilar ódio e mais amarguras é deixar o coração árido e seco.

Orixás: Oxalá, Logunã, Xangô, Ogum e Iansã.
Classificação na Alquimia Ancestral: PEREGRINOS.

Guaxo, Japim e Tecelão

São Animais de Poder, nos quais entre suas principais qualidades estão: proteção familiar, determinação, resistência e equilíbrio. Sua Sabedoria e seu respeito nos ensinam a fazer viagens astrais. Sua Medicina Ancestral está ligada também às passagens. Seu espírito animal ajuda seu protegido na passagem de realidades, na hora do desfecho da vida encarnada para a espiritual e, também, no encerramento da vida espiritual para a ida à vida encarnada. Eles auxiliam a carregar as sementes espirituais.

São extremamente guardiões daqueles que eles amam e de toda a sua família. Fazem grandes ninhos de energia para resguardar seu protegido e seus familiares. Também realizam voos circulares em volta de quem eles protegem, para afastar e desintegrar energias negativas e espíritos zombeteiros e kiumbas. São guardiões da vida. Os tecelões fazem ninhos para guardar os espíritos ovoides.

Seu aparecimento auxilia na cura de depressão, tristeza, desânimo, cansaço, fadiga, impotência, descontentamento. Trazem alegria, força, coragem, resistência, equilíbrio, compaixão sempre que aparecem. São animais com a condição de entender que a verdade é uma só, mas está fragmentada em várias verdades, portanto, sabem julgar problemas de traição e injustiças. Trazem aconchego para aquele que entende o senso de justiça, dando fortaleza e resistência àquele que se arrepende de coração. Mas também sabem cobrar quem é abusador, mentiroso, egoísta, e está com o senso de justiça distorcido pelo ego e pela vaidade.

Seus ensinamentos estão ligados à nobreza do ser. Eles ensinam sobre vaidade e ego, pois têm a verdade de Xangô e a Lei de Ogum ao seu lado, e tudo isso com muita clareza. Trazem senso de comunidade e de liderança. Sua força ajuda a romper com os obstáculos, sejam eles materiais, emocionais, mentais ou espirituais, trazendo resistência para essas esferas. O japim retira o ódio e a vontade de vingança do coração, pois ensina sobre a justiça, a nobreza e a lealdade.

Orixás: Oxóssi, Xangô, Egunitá, Ogum, Iansã, Obaluaiê e Omolu.
Classificação na Alquimia Ancestral: PEREGRINOS.

Íbis, Flamingo e Curucaca

Aves que por si sós representam transformação, renascimento, abundância, beleza, sedução e prosperidade. Quando essas aves chegam às nossas vidas e se apresentam como nossas Mentoras na Tribo, elas trazem consigo muita fartura, conhecimento e prosperidade.

Seus bicos longos ajudam a captar o conhecimento, tanto de lugares altos quanto dos locais abaixo do solo. Elas ensinam que a magia está no alto, mas também está embaixo e no meio. Para acessar essas forças é necessário ter conhecimento, dedicação, disciplina, foco, respeito e, acima de tudo, permissão da Sabedoria e daqueles que guardam o local onde você está.

Essas aves mostram que para termos prosperidade e abundância precisamos de fluxo e de movimento. Não devemos ficar parados, fazendo a mesma coisa sempre. Elas elucidam que a vida é uma surpresa. O que eu quero dizer é que não precisamos fazer sempre tudo igual; há a possibilidade de mudarmos e renascermos, tanto na matéria quanto em qualquer coisa que quisermos. Íbis ensina sobre oportunidade e movimento.

Essas aves nos guiam por meio de seus ensinamentos, dizendo que a sabedoria de verdade não é encontrada apenas em livros, mas que também se faz com os aprendizados da vida. Ensinam que palavras ditas em horas e momentos certos podem levá-lo a lugares que para alguns parecem ser inalcançáveis. Sua força e sua graça estão no Mistério de aprender a encerrar as coisas com cuidado e certeza, mas com a firmeza de que o próximo passo sempre será o certo. Elas ensinam que as palavras são armas para lutar contra a ignorância, e são fontes de esperança e sabedoria, pois as palavras podem levantar ou destruir pessoas e nações.

Ensinam que para podermos ser fontes abundantes, precisamos estar vazios de paradigmas e dogmas. Elas elucidam que necessitamos clarear nossos corações e limpar a mente de preconceitos que não nos dão equilíbrio. Trazem a compaixão, a sociabilidade e o amor-próprio.

Orixás: Todos.
Classificação na Alquimia Ancestral: PEREGRINOS.

Javali

Um Animal de Poder que traz a nobreza da vida, o senso de comunidade e a atratividade. Sua nobreza está em como agir com aqueles que mais precisam, e é também fonte educadora de sustentabilidade. Ajuda na adaptação e no auxílio de como trazer o sustento para casa. Os javalis são muito bem armados com suas presas e com seu couro grosso que nada perfura. São firmes e autoconfiantes, passando essas características ao seu protegido.

Os javalis ajudam na proteção de locais sagrados, delimitando os limites de cada um que chega. Têm a capacidade de farejar e fuçar qualquer tipo de energia negativa ou sobrecarga de energias positivas e descarregar tudo. Não há nada que não possa encontrar e desnaturar, decantar, rasgar, dilacerar ou se alimentar. Quebram qualquer tipo de maldição. Sua coragem ensina que devemos enfrentar nossos medos de frente, mesmo que tenhamos de mergulhar na lama ou em florestas escuras. Têm facilidade de transitar em várias realidades. Ensinam que precisamos ter confiança em nossa própria força, mas que a força da comunidade pode ajudar e acelerar o crescimento de todos.

Sua presença guia seu protegido para a melhor trilha. Mesmo o javali tendo sua força para carregar peso e se defender, conhece os melhores lugares para caminharmos com tranquilidade. Ele vai ajudá-lo a fuçar sua alma para encontrar aquilo que o atormenta, de maneira que, de frente e com seu amparo, encare essa mágoa que foi esquecida. Sua força é tão grande que os javalis são imunes a venenos de serpentes, ensinando que não são artimanhas, pensamentos, falas, atitudes, magias e tantas outras negatividades de pessoas sem esclarecimento que vão afetá-lo.

Os javalis ainda ensinam que podemos aparecer e desaparecer, isto é, ensinarão o momento certo de você surgir e o instante correto de você se retirar. Auxiliam na atratividade de bons resultados e de bons relacionamentos. São buscadores das verdades do conhecimento, e ensinam que precisamos desenvolver a humildade. Decantam nossos vícios, combatendo a ilusão, a ignorância e a soberba. Trazem equilíbrio para as emoções e para a razão. Melhoram nossa vitalidade, fertilidade e vigor.

Orixás: Omolu, Obaluaiê, Oxóssi, Obá, Nanã, Xangô e Ogum.
Classificação na Alquimia Ancestral: PEREGRINOS.

Lagartixa e Salamandra

Lagartixa é a representação de boas companhias espirituais. Ela, quando cruza a nossa vida, mostra que estamos caminhando ao lado de bons espíritos e de boas pessoas.

Sua aparição é para nos guiar em bons pensamentos, e trazer a coragem e a esperança em uma nova vida repleta de realizações. Tem a capacidade de engolir energias, pensamentos e intenções negativas emanadas por nós ou enviadas a nós. Sua capacidade de subir paredes ensina que não precisamos ficar parados nos obstáculos à nossa frente. Ela nos orienta a nos adaptarmos, a fim de chegarmos ao objetivo. Guia o xamã para aprender como deve recarregar suas energias.

Sua Sabedoria está ancorada em mostrar que nada nesta vida se perde, mas, sim, tem a capacidade de se renovar para continuar uma nova caminhada. A lagartixa é um dos animais que ajudam na travessia do plano material para o plano espiritual. É um animal ligado à cura da dependência emocional. Auxilia a se desprender de coisas que não precisamos carregar. Desliga rancor, ódio, ciúme, irritabilidade, ansiedade, e ajuda a recompor a tranquilidade, a paz, o amor, a compaixão, a paciência, a compreensão do mundo e a aceitação.

Sua capacidade de ensinar o que precisamos carregar ajuda muito no momento do desencarne, para que possamos nos desligar do apego excessivo com a materialidade. Concentra o amor dentro dos corações e decanta todo o ressentimento guardado.

As salamandras cauterizam nossos sentimentos. Auxiliam na proteção de ambientes sagrados, trazem a companhia de bons espíritos. Aquecem nosso coração abalado e equilibram nossa mente perturbada. Purificam ambientes com o Fogo Sagrado, para que a negatividade vire cinzas. São animais antigos que estão presentes em todos os cultos xamânicos e de Ancestrais Veneráveis. Auxiliam como tochas, iluminando o caminho a percorrer.

Orixás: Egunitá, Obaluaiê, Nanã, Oxumaré e Oxum.
Classificação na Alquimia Ancestral: PEREGRINOS.

Libélula

Esse inseto maravilhoso é predador desde sua fase larval. Está presente no planeta há mais de 300 milhões de anos. A libélula é carregada de histórias e lendas. Uma delas, contada por vários xamãs, diz que as libélulas foram dragões aprisionados nessa forma de inseto. Uns dizem que perderam sua magia e seus poderes. Eu digo que elas se adaptaram à nossa visão e realidade.

A Libélula é símbolo de liberdade, amor, equilíbrio e coragem. A libélula aquece a alma mostrando o verdadeiro amor. Ela ajuda na compreensão da sexualidade e que todos amam do próprio jeito. Auxilia na percepção e no entendimento do mundo, e mostra que não existe forma errada de amar. Ela traz a sabedoria do ar e a leveza da água, mas sua respiração quente é o vapor divino.

Ela auxilia na passagem dos mundos. Com a coragem da libélula e com a permissão da Lei Divina, ela pode trazer a visita de quem passou deste mundo para o outro. Ajuda também o xamã na projeção astral.

Um inseto ágil em seus voos, mas que também consegue se manter em equilíbrio no ar. A libélula ajuda no equilíbrio entre a razão e o coração, a fim de que as atitudes estejam bem alinhadas para não se tornarem mentiras. Também traz consigo a fartura e a prosperidade.

Seu *Espírito Animal* retira a ilusão de nossas vidas e traz a certeza de uma mudança positiva regada de esperança. Ajuda no foco e na realização de sonhos. Ela também é uma grande predadora de energias negativas; consome, digere e purifica o que toca.

Orixás: Egunitá, Xangô, Iansã, Oxumaré, Oxum, Oxalá e Obaluaiê.
Classificação na Alquimia Ancestral: PEREGRINOS.

Macacos

São Mestres que ensinam o respeito por todos aqueles que vieram antes de nós. Sua ligação é direta com Oxóssi e Obá. Ensinam que precisamos ser verdadeiros e simples nas atitudes, pois a simplificação da complexidade mostra a sabedoria. São guardiões do Sul, auxiliam no desenvolvimento de nossa criança interior. Mostram que o mundo é sério, mas nem por isso precisamos ser ranzinzas e estressados.

Ligados à inocência e à pureza, os macacos trazem alegria e felicidade para seus protegidos. Sua Sabedoria está em ensinar que precisamos levar a vida com mais leveza. Fazem com que nossa comunicação seja mais clara e objetiva. Ensinam o bom humor e a agilidade para resolver as questões do dia a dia. Mostram como devemos agir em sociedade, indicando limites e capacidades de liderança.

Sua Medicina Ancestral cura nossas emoções e rancores de criança. Seus dedos são firmes, trazendo firmeza nas coisas que pegam e também se apoiam com força na Mãe Terra. Eles ensinam que prosperidade é manter tudo de bom que a vida possui. São animais que auxiliam para que aprendamos a utilizar nossa inteligência e criatividade para o crescimento próprio, assim como da comunidade. São animais que ensinam o verdadeiro entendimento de malandragem e esperteza, que não tem relação com sacanagem e libertinagem. Trazem consigo a sabedoria do povo em pé (árvores). Sua energia quebra energias de ciúme e posse.

Orixás: Oxóssi, Obá, Xangô, Ogum, Iansã e Iemanjá.
Classificação na Alquimia Ancestral: PEREGRINOS.

Mariposa

As mariposas são animais muito parecidos com as borboletas. Em questão de taxonomia, pertencem à mesma ordem das borboletas. Uma diferença básica é que a maioria das borboletas tem hábitos diurnos e grande parte das mariposas prefere a noite. Claro que isso não é uma regra, pois existem espécies de mariposas e borboletas que fazem o contrário.

Esse relato já diz o porquê do medo e do temor das mariposas. Normalmente, causam repulsa se comparadas às borboletas. Sem contar que algumas lendas aqui no Brasil dizem que a mariposa representa mau agouro. Isso porque ela é sinal de que alguém próximo vai morrer. Eu, particularmente, não vejo a morte como um mal. Na verdade, a morte não é um mal, mas uma das poucas verdades concretas que a grande maioria das pessoas não aceita e ainda teme.

O espírito da mariposa tem significado de proteção e de amparo espiritual. A mariposa é protetora da luz, voa pelas escuridões protegendo e auxiliando aqueles que buscam a luz do saber. Tem a capacidade de auxiliar nos processos de encerramentos, mostrando que a morte não é o fim, muito menos uma coisa ruim.

A mariposa tem a capacidade de fazer um vórtex em volta de seus protegidos para espantar e curar kiumbas, espíritos sofredores e perdidos. Ela traz todas as características das borboletas, mas com a sabedoria, já que sua cor opaca cura, e acima de tudo, mostra que não é porque não aceitamos as verdades que isso representa uma maldade. Maldade é mau-caratismo, falta de respeito, preconceito, ignorância, desonestidade, abuso, etc.

A mariposa vai contra esse puritanismo exagerado europeu e à crença do que é belo por fora, automaticamente, é belo por dentro. Essa pequena voadora quebra paradigmas de beleza, ensinando que, na prática, as coisas podem ser bem diferentes do que se é pregado em um mundo de ilusões e de aparências. Mariposa traz a sua verdade nua e crua para que você possa ser de verdade.

Orixás: Obaluaiê, Omolu, Oxumaré, Iansã, Oxalá e Logunã.
Classificação na Alquimia Ancestral: PEREGRINOS.

Martim-pescador

Essa ave de poder dá nome a uma falange de Marinheiros na Umbanda. Sua sabedoria está ligada ao ar, mas também às águas da vida. Então, é muito comum essa ave acompanhar filhos ou filhas de Oxum, Iemanjá, Oxumaré, Nanã e Omolu. Essas aves podem não estar com os animais principais, mas com certeza estarão junto deles observando de algum lugar seus amigos. Elas são Animais de Poder que ajudam no instinto de pescador, ou seja, vão auxiliar muito na busca de oportunidades e na acurácia da visão, da percepção e da intuição.

Essas aves são ferozes e muito aguerridas. Conseguem quebrar todo e qualquer tipo de energia negativa, mas suas especialidades estão nos limites da vida. Desmancham, quebram e decantam qualquer energia negativa que rompa o equilíbrio da vida e desvirtue o sentido da existência. Acaba com energias negativas enviadas para matar ou mutilar pessoas.

Elas conseguem ter visões de grande alcance e que permeiam realidades, conseguindo encontrar e avistar magias antes de atingirem ou chegarem ao campo astral de seus protegidos. Ajudam na estabilidade emocional, combatendo sintomas de tristeza, depressão, desânimo e angústias. São aves extremamente observadoras, ensinando seus aprendizes a observar e agir na hora correta. Auxiliam na decantação de rancor, ódio, incompreensão, raiva, amargura e tristeza.

Auxiliam no mergulho profundo de cada ser. Ajudam na desconstrução de conhecimentos preconcebidos e que fazem mal para a alma. Suas asas nos abraçam quando necessário para estimular o mergulho no autoconhecimento. Seus bicos também estimulam a vontade de melhorar e se colocar em movimento para as oportunidades da vida.

Orixás: Iemanjá, Oxum, Nanã Buruquê, Oxumaré, Iansã e Omolu.
Classificação na Alquimia Ancestral: PEREGRINOS.

Papagaio

O papagaio é símbolo de longevidade e de boa vocalização. Papagaios, apuins, maritacas, maracanãs significam também abundância e fartura. Um papagaio ensina que precisamos aprender a nos comunicar, não apenas saber falar, mas também devemos saber escutar, pois uma boa comunicação é essencial entre o emissor e o receptor. A comunicação vai além das palavras; está muito ligada a olhos, sensações, movimentos, sentimentos e pensamentos. Um bom comunicador não usa só palavras, mas, sobretudo, o sentimento.

Papagaios são aves que vivem bastante no plano material, por isso são símbolos de longevidade. Eles ensinam, ainda, que nem todo pedido de socorro é, de fato, um verdadeiro pedido de socorro. O auxílio só se concretiza quando aquele que pede ajuda, realmente, sabe que precisa dela. Eles nos ensinam que devemos aprender a nos conhecer, porque a força do autoconhecimento é que vai ser a ignição para conseguirmos prosperar e entender nossos erros. Não tem como querer melhorar se não souber o que precisa ser feito. O papagaio ensina que as verdades estão conosco, mas precisamos buscá-las e darmos o primeiro passo.

Esses animais, como tantos outros, são a voz de Zambi. Pai Antônio me contou que os papagaios são animais que estão em contato direto com Zambi e são eles que auxiliam a enviar mensagens ao Sagrado. Sua instrução mostra que a liberdade está em conhecer para, realmente, vivê-la. São grandes abridores de caminhos e explicam como devemos fazer para quebrar nossas dificuldades. São símbolos de dedicação e esforço também. Os papagaios dizem que energia não mente, por isso, é necessário fechar os olhos e sentir quem está perto de você, pois muitas vezes frases bonitas nos encantam, mas não representam exatamente a verdade.

Sua Medicina e Sabedoria estão em dizer que devemos aprender a viver em sociedade e em comunidade. Esse animal nunca está sozinho, onde tem um papagaio sempre existem mais. Os papagaios esclarecem que o silêncio também é uma forma de se comunicar. E se você souber usar tanto o silêncio como as palavras não há como se perder.

O papagaio diz: *"Aprenda com você mesmo. Aprenda com seus sentimentos e com os erros do passado. Aprenda a crescer e saber onde você coloca seus pés. Deixe seu espírito, seu corpo, sua mente e sua alma falarem com você e, acima de tudo, aprenda a ouvir esses sentimentos e pensamentos, para que você consiga se superar e ser melhor. O autoconhecimento ensinará quem realmente você é. E isso vai além de palavras".*

Orixás: Oxóssi, Obá, Iansã e Ogum.

Classificação na Alquimia Ancestral: PEREGRINOS.

Pavão e Faisão

O pavão é guiado pelo Fogo Sagrado, e a força onipresente, onisciente e onipotente do Divino Criador e da Divina Criadora. O pavão e o faisão são divindades que ensinam o que é o verdadeiro amor, sendo que a beleza do amor só tem sentido quando vem de dentro do coração e explode em várias direções, ajudando todos os que querem e precisam sentir-se amados. Com a magia do olho que tudo vê e do coração que tudo sente, sua cauda nos envolve para que possamos sentir o Amor Divino vibrando em todas as Sete Vibrações Divinas.

Esses animais magníficos carregam as Sete Vibrações Divinas, expandindo toda a sua sabedoria para a infinidade da vida. Sua Medicina diz que a vida é infinita, que os olhos da matéria são cegos a isso, mas devem ser abertos para enxergar a plenitude da existência. Sua magia ajuda na melhora psíquica, auxiliando no desenvolvimento mediúnico e na melhora da intuição. Trazem realeza, elegância, beleza e riqueza, mas tudo isso só tem fundamento quando utilizado de forma sábia, para auxiliar toda a comunidade. A beleza vem da alma e ilumina tudo ao seu redor; o pavão e o faisão ajudam a acharmos essa nossa beleza interior.

Sua magia é tão poderosa que transmuta e renova todas as energias densas, enviadas, pensadas ou manipuladas, entregando amor a tudo aquilo que trouxe desespero. O pavão traz pureza e transparência, quebra essas energias de caráter negativo, porque onde há Beleza Divina e pureza verdadeira não há mal que se instale.

Mestres da magia, ensinam que aquele que vigia e a tudo observa é o que mais aprende. Sua Medicina cura tudo, pois ensinam que existe beleza até nos sofrimentos. São os sofrimentos que nos moldam no calor da vida. Sua presença dentro da família reacende a chama do amor, auxiliando na elegância, na sexualidade e na sensualidade. Trazem a iluminação para a vida de seu protegido, ensinando o Tao, com paciência, tranquilidade e fé. O balanço de suas caudas sopra boa aventurança, e preenche toda a nossa vida com amor, alegrias, felicidades e abundâncias.

O pavão ensina que não devemos apenas reverenciar a Beleza e o Amor Divino, mas também ser realmente essa fonte abundante de amor e beleza. É nossa obrigação preencher todo o nosso vazio

existencial com as Sete Vibrações Divinas, e ter potência, intenção, interesse e desejos bem alinhados com o bem-estar da vida.
Orixás: Todos.
Classificação na Alquimia Ancestral: PEREGRINOS.

Peru

Quando a Sabedoria do peru nos alcança, ela nos traz o desligamento do ego para a conexão com a Mãe Terra. Sua sutileza nos ensina a sermos elegantes, nobres, sutis e honrados com a vida e com os relacionamentos que temos. O peru ensina sobre a sacralidade da vida, apontando que todas as nossas relações são Sagradas. Estamos nos relacionando com o Grande Espírito sempre que doamos nosso tempo para alguém, podendo ser animal, mineral, vegetal, espiritual ou elemental.

O peru ensina que toda a vida é feita de ciclos. Dessa forma, devemos comemorar nossas vitórias e ressignificar nossas derrotas, perdas e fracassos. Esse grande animal ensina a arte da troca. Nesse ensinamento, cabe exatamente o que Exu do Ouro me falou uma vez: *"Entregue algo de valor para o mundo, que o mundo lhe entregará algo de valor. Entregue miséria ao mundo e ele lhe entregará miséria".*

Essa ave ensina que fartura de verdade é sinônimo de caridade e sacrifício. Com sua elegância, vai trazendo novos significados da vida e clareando nossa visão. Ela mostra que abundância e fartura não são acúmulos, se forem úteis a todos. O peru educa sobre sustentabilidade e a arte da troca correta, utilizar o que se tem e devolver ao mundo o que não se usa. Ele diz que o nosso maior ouro é a vida, e saber disso conscientemente é uma dádiva Divina. Por isso, ensina sobre sacrifício.

O peru vem com a clareza de pensamento, mostrando a unidade do universo. Suas mensagens chegam com nobreza e ensinando que nobre de verdade é aquele que entende seu limite e o do outro, tratando todos com respeito. Sua Medicina ensina a ter equilíbrio com as coisas espirituais e materiais, abrindo nossas intuições para as razões da vida. Essa ave explana sobre perdão e aceitação.

Orixás: Xangô, Egunitá, Obá, Oxum, Oxumaré, Oxalá, Omolu e Obaluaiê.
Classificação na Alquimia Ancestral: PEREGRINOS.

Pinguim

É o torpedo de Mãe Iemanjá e de Mãe Logunã. Esse Animal de Poder tem uma velocidade enorme para alcançar aquilo que nos faz mal, paralisando e congelando-o, a fim de que as águas salgadas da vida preencham todo o nosso mundo com forças positivas e da criação. A capacidade energética desse amigo espiritual é de paralisar, congelar, quebrar e cortar todos os nossos fanatismos ideológicos e religiosos. O pinguim tem a habilidade de transformar todas as nossas tristezas em alegrias, pois tem o mar e o tempo a seu favor.

Traz longevidade e estabilidade aos nossos relacionamentos afetivos. Ele auxilia principalmente no laço familiar, ajudando na compreensão do Sagrado Masculino, que entende e compreende a Energia Feminina. A Sabedoria do pinguim ajuda a compreender a dualidade e a paridade da vida. Seus ensinamentos são de paciência, disciplina, constância e resiliência. Sua energia ajuda em processos criativos, e melhora a nossa intuição e contato com o Alto.

Um animal que auxilia na compreensão da vida e da morte, ensinando que isso faz parte do ciclo da vida. Com a paciência e a resiliência soprando ao seu favor, ensina seu protegido a aproveitar os bons momentos da vida e saber a hora de agir. Com sua capacidade protetora tão alta, os pinguins fazem círculos de proteção, isolando, paralisando, congelando, cortando e desmanchando qualquer tipo de energia.

Sua medicina congela e isola todo o tipo de frigidez da alma, para que em seguida seu carinho, amor e alegria nos envolvam e deem força para os próximos mergulhos profundos na beleza da vida. O pinguim auxilia a entendermos o outro, praticando primeiro o autoperdão e, por conseguinte, perdoando aqueles que por alguma ignorância ou ferida nos prejudicaram. Encerra e quebra maldições de família com maestria. Ensina que sobrevive e caminha melhor aquele que consegue se adaptar, tendo a flexibilidade para se renovar. Pinguim é fiel, e isso ele ensina com muita coragem.

"Quer construir algo sólido e com muito amor? Então, seja fiel a você, a seus ideais e às pessoas que estão ao seu lado ajudando-o" – foi o que o pinguim me disse.

Sua presença no ambiente traz pureza, leveza e alegria.
Orixás: Iemanjá, Omolu, Obaluaiê, Ogum, Iansã e Logunã.
Classificação na Alquimia Ancestral: PEREGRINOS.

Pirapara e Piraíba

Tanto a pirapara como a piraíba são peixes de couro que habitam águas calmas e profundas. São enormes, ambos considerados os maiores do mundo de água doce, junto ao pirarucu e a outros peixes. Existem várias lendas indígenas da região amazônica dizendo que esses peixes tombam embarcações e levam as pessoas para o fundo do rio, para alimentar-se delas. Verdade ou não, esses peixes carregam uma força ancestral venerável.

Suas origens estão ligadas às formações dos grandes rios do Brasil e das Américas. Sua medicina está relacionada ao verdadeiro amor. Auxiliam no entendimento do amor familiar. Ajudam na união de parceiros e na compreensão da sexualidade sem pudor, sem dogmas e paradigmas castradores da felicidade. Ajudam a combater o ciúme e a posse doentia por pessoas e coisas. Decantam e curam sentimentos amargos sobre a vida. São grandes e majestosos, mostrando sua abundância e fertilidade. São animais que ajudam espíritos que estão enlameados e afogados no desespero, agonia e angústia. Conseguem carregar espíritos novamente para a superfície para voltarem a respirar, mas também não têm pena nem dó de levar aqueles que não se arrependem e estão com o ódio cravejado no coração para as profundezas dos rios, onde são guardiões ferozes.

Esses animais possuem a sabedoria da paciência, pois nada que é grande, firme e robusto se constrói de um dia para o outro. Auxiliam na base e na infraestrutura dos sonhos. Ajudam a manter a gratidão pela vida e a manter vivos o amor, a felicidade e a alegria de viver nas águas de Oxum. Ensinam que o amor apenas é o que é, não se pode castrá-lo e é Divino.

Orixás: Oxum, Oxumaré, Iemanjá e Nanã.
Classificação na Alquimia Ancestral: PEREGRINOS.

Pombo

Um animal que está em todos os lugares do planeta, principalmente onde tem civilização humana. Uma ave que se adaptou muito bem a viver tanto nas florestas de pedras quanto na Mãe Natureza.

Símbolo da paz interior e de bons presságios, a pomba é o poder da paciência, tranquilidade, sabedoria, realização, coragem, prosperidade, abundância e resistência. Ela ensina que para poder ouvir a vida e o Grande Espírito, é preciso ter coragem para se adaptar e saber viver em harmonia com tudo que nos cerca. A docilidade da pomba mostra que para se manter firme e seguir um caminho de prosperidade não são necessárias guerras, brigas e violência, mas paciência, disciplina e fé. Fé na vida, pois mesmo em momentos conturbados, sempre há uma luz no final. Viver não deve ser como uma corrida de alta velocidade nem se deve permanecer no piloto automático. Existem momentos na vida em que nada controlamos, e precisamos ser guiados por nossa fé, coragem e resistência.

Ela ensina que mesmo tendo fé, esta não deve ser cega e sem precedentes. Deve-se conferir se o vento está a favor. Então, se dá para voar, confie e vá, ou se é o momento de ficar olhando e guardando energia, pratique a paciência e a calma nessa hora. Existem também momentos em que os ventos vão carregá-lo sem nenhum esforço, e é nesse instante que você deve estar alinhado com a Mãe Natureza e com os Orixás. A pomba é símbolo de fecundidade e fartura, pois a Mãe sempre proverá seus filhos e filhas. A pomba vem ensinar que você não precisa mais alimentar a guerra, a discórdia, a intolerância e o ódio. Agora é hora de você purificar-se com o voo dela, e dar espaço para o amor, a compaixão, a paz, a tranquilidade e a gratidão.

A pomba vem lhe dizer: *"Seja grato pela vida, pelos ensinamentos. Tenha cautela em se mover, mas não tenha medo de seguir. Confie que existe e sempre existirá alguém olhando por você. Vitorioso é aquele que resiste e confia em si mesmo e naqueles que estão junto de si. Seja leal a você para transpassar isso aos que o acompanham. Confie e vá!"*

Orixás: Oxalá, Logunã, Iansã e Ogum.
Classificação na Alquimia Ancestral: PEREGRINOS.

Porco

Esse Animal de Poder é muito malvisto, pois é associado com uma pocilga. Mas, na verdade, ele só vive nessa relação material porque a humanidade o colocou nessa situação. E por esse motivo acabamos apenas olhando com um viés errôneo de como esses animais se apresentam em seus instintos.

Quando o porco ou a porca atravessam nossa trilha Ancestral, eles trazem gentileza, humildade, sustentabilidade, resistência e carisma. São animais extremamente gentis, que auxiliam na nossa comunicação com o Sagrado. Fuçam nossas emoções mais depravadas sem julgar, ajudando na compreensão, na aceitação e na melhora desses negativismos grotescos. Não têm medo nem escolhem no que vão nos ajudar, simplesmente fazem o que tem de fazer. Sua gentileza preenche as lacunas de nossos corações, dando capacidade emocional para sairmos desse estágio de letargia.

Sua humildade e sustentabilidade ajudam a organizar nossa mente para que nos tornemos fontes de abundância e conhecimento. Quebram qualquer tipo de energia negativa, engolindo e reciclando todas essas magias egoístas. São fontes de materialidade e de abundância. Auxiliam seus protegidos na concretização de seus sonhos. Ensinam também o significado de lealdade e amor-próprio. Ajudam no conhecimento do verdadeiro altruísmo e conseguem afastar o egoísmo. Símbolos de esperança, fartura e concretização.

Auxiliam na demarcação do Espaço Sagrado. Não deixam que indesejados se aproximem de seus protegidos e de Templos Sagrados. São animais firmes e dóceis. Não deixam a revolta, a indignação, a tristeza e as insalubridades criarem raízes em nosso coração.

Orixás: Oxalá, Logunã, Obaluaiê, Omolu, Oxumaré e Nanã.
Classificação na Alquimia Ancestral: PEREGRINOS.

Quati e Guaxinim

Grandes Animais de Poder, símbolos de independência, adaptabilidade, diversão e do Sagrado Feminino. Têm a ligação com a terra e as águas. Sua Medicina ajuda a decantar, entender, perdoar e seguir em frente. Guaxinins também são símbolos de amizade e alegria. Trazem alegria e diversão aos seus protegidos, mas também conseguem delimitar bem o espaço para entender que a liberdade de um termina onde começa a liberdade do outro.

São animais que andam em bando e seguem sua matriarca, mas todos são independentes e podem ir e vir para onde quiserem. Amor para eles significa ensinar o outro a viver a vida, mesmo que tenha de ser na base do rompimento. Quatis ensinam que o elo de mãe nunca se rompe, mesmo que a distância física aconteça, instruindo que sentimento atravessa qualquer "quilometragem" e qualquer realidade.

Eles ensinam que o encerramento de algo não é ruim, mas, sim, algo natural e que deve ser respeitado. Quando algo se rompe e termina, é sinal de que precisamos dar continuidade à outra coisa e, com certeza, nisso eles são mestres em ensinar. Seus anéis na ponta do rabo indicam sua sabedoria, sua experiência e sua maturidade no meio dos outros animais. Seu olfato encontra qualquer tipo de magia e se alimentam daquilo que encontram, auxiliando na transformação dessa energia.

Guaxinins e quatis trazem a adaptabilidade para que possamos saber como agir nas diferentes fases da vida. Ao mesmo tempo que estão ligados à *Sabedoria Ancestral*, associam-se aos princípios da vida de uma criança. São guardiões da Alma e do Espírito. Auxiliam em passagens e mudanças de ciclos. Ensinam que a encarnação é curta, portanto, devemos guardar o que é necessário realmente. Educam que a bagagem deve ser leve, mas também cheia de coisas úteis e necessárias para o nosso desenvolvimento. O leve torna-se pesado e o pesado torna-se leve.

Orixás: Omolu, Obaluaiê, Nanã Buruquê, Oxumaré, Iemanjá e Obá.

Classificação na Alquimia Ancestral: PEREGRINOS.

Rato

Um animal incompreendido pela civilização ocidental, mas no Oriente ele é tido como um animal de muita Sabedoria. O rato é a quebra da ilusão da vida. Até abrirmos os olhos para a Luz da Sabedoria, vivemos imersos em uma vida de ilusão. A energia do rato ajuda a quebrar as ilusões do ego e do orgulho.

O rato, apesar do seu tamanho pequeno, tem uma sabedoria de humildade e de entendimento de mundo gigantesca. O rato sabe seu lugar, conhece muito bem seu caminho, por isso ele ensina a ter mais humildade, paciência e a abrir os olhos para uma nova vida. O rato traz consigo a esperança de que mesmo andando em lugares sujos e insípidos, podemos enxergar uma luz no final do túnel. Ensina a dar valor às coisas simples da vida, que muitas vezes achamos que não têm valor nenhum. O rato traz a sabedoria de aprender seu limite e até onde você pode ir.

Mesmo tão pequeno, ele mostra que se soubermos analisar os detalhes, conseguimos ter uma visão melhor do todo, captando os problemas e benefícios do caminho. E, por consequência, damos o próximo passo da forma mais correta possível. O rato ensina adaptabilidade para caminhar tanto em locais escuros e cheios de lixo, como em grandes lavouras e com muita luminosidade.

O silêncio é a melhor forma de encontrar a saída para a ilusão. Com isso, indica que a busca pelo conhecimento é pessoal, de cada um; e que aprende mais aquele que mais ouve do que fala. Ele mostra que a vida não é feita de aparências. O rato ensina a nos protegermos em nossos Espaços Sagrados.

O rato age quebrando demandas de seus protegidos. Ele adentra espaços negativos sem se afetar e rói energias maléficas para quebrar o que for preciso. Consegue entrar e sair sem ser visto e totalmente silencioso.

Orixás: Oxalá, Omolu, Nanã, Obaluaiê, Ogum.
Classificação na Alquimia Ancestral: PEREGRINOS.

Sapo e Rã

O sapo e a rã são símbolos de cura, fartura, fertilidade e boa comunicação. Seu coaxar é o canto para trazer chuva para terras secas, e com a água vem a época de abundância. Vive parte de sua vida na água e parte na terra. Mas quando estão vivendo em local seco, com certeza estão próximos a rios, córregos ou até mesmo poças de água.

Sua capacidade de cura está ligada à facilidade de se renovar e desintoxicar qualquer tipo de ambiente. Eles agem como filtros, purificando tudo o que tocam e onde seu som chega. A mistura de água e terra forma a lama, que mostra sua capacidade real de decantar energias nefastas. Seus olhos veem praticamente em todos os ângulos, 360 graus, conseguindo localizar energias negativas que estão circulando.

Sua vocalização, além de trazer fartura, é sinônimo de fertilidade. Têm boa comunicação, bem como conseguem boas parcerias; desenvolvem-se em bons negócios e trazem bons frutos.

O sapo e a rã, muitas vezes, causam arrepios e sensação de asco e medo. Isso porque sua cura é profunda, mas para isso acontecer é necessário atravessar a escuridão de sentimentos, intenções e pensamentos. Esses animais estão ligados a essa travessia e à comunicação com a negatividade, principalmente a intenção mais profunda. E visualizar nossas sombras mais profundas não é algo agradável. Esses anfíbios ajudam na comunicação com o mundo espiritual, auxiliando no contato e, também, ensinam como usar essas energias. Ajudam na clarividência. O sapo ensina que para algo novo renascer, alguma coisa precisa morrer e ser deixada para trás. É um animal especial que engole todas as negatividades e as depura em rios de pureza.

Sua magia também conserta problemas de ordem familiar, ajudando no amor fraternal e na aceitação de opiniões diferentes.

Orixás: Oxum, Logunã, Oxumaré, Nanã, Obá, Obaluaiê, Omolu e Oxóssi.

Classificação na Alquimia Ancestral: PEREGRINOS.

Suricato

Um Animal de Poder pequeno em estrutura "física", mas gigante em Sabedoria. Tem a capacidade e a facilidade para transpassar o subterrâneo e viver nele. Sua força vem da Terra, mas o Sol também lhe fornece muita energia. É muito raro ver um suricato sozinho, normalmente vive em bando.

Determinação, vigilância, guarda, organização, sociabilidade, senso de comunidade e adaptabilidade são ensinamentos-chave desse animal. Os suricatos ensinam inclusão, respeito e como devemos nos comportar em uma sociedade, e como ela deve ser estruturada. Senso de comunidade não é pensar no próprio umbigo, mas cada um saber sua função e executá-la, sem precisar ficar olhando e agourando o trabalho do outro. Ensina que para a comunidade tornar-se próspera, deve haver organização, disciplina e respeito entre todos.

Sua Sabedoria Ancestral instrui que devemos saber o momento de falar. Sua Medicina cura nossa falta de responsabilidade e desorganização. O suricato determina que o verdadeiro brilho está em todo mundo ser abundante e feliz, dentro da vontade de cada um. Ensina que cada um tem a liberdade de ser, ir e fazer o que quiser, desde que isso esteja dentro dos limites do amor e respeito a si e ao próximo. Inclusão é uma de suas sabedorias, mostrando que para crescer todos devem ser aceitos e respeitados.

Suricatos instruem que devemos ficar sempre de guarda e de vigia sobre as coisas da vida, a fim de que não deixemos passar oportunidades e, também, para não permitir que as negatividades e as insalubridades entrem em nossas vidas. Sua imunidade a qualquer tipo de veneno ensina a firmeza de cabeça. Como grandes caçadores que são, mostram que precisamos saber onde pisamos e como caminhamos, para não espantar a caça e não atrair predadores. Suricatos têm respeito pela vida, por isso conseguem andar livremente pelos túneis de todo o mundo.

Os suricatos ensinam adaptabilidade para que possamos conquistar nossos sonhos e objetivos. Eles retiram as vendas da ilusão de nossa existência, mostrando que devemos ter coragem para enfrentar nossos pensamentos sórdidos e ter clareza em nossas decisões. Acredito que o maior ensinamento de um suricato é que nada nesta vida se constrói sozinho, sem respeito, amor, dedicação, disciplina, coragem e fibra. E que a magia da vida também necessita dessas qualidades.

O respeito de comunidade nasce em nossa família.
Orixás: Oxalá, Iemanjá, Obá, Egunitá, Xangô, Oxóssi e Ogum.
Classificação na Alquimia Ancestral: PEREGRINOS.

Tartaruga, Jabuti e Cágado

Tartaruga, jabuti e cágado são quelônios na classificação científica. Não vou entrar nesse mérito, mas, sim, nas características que eles representam espiritualmente. A diferença básica entre eles é que o jabuti é um animal terrestre e suas patas são muito parecidas com as dos elefantes. O cágado e a tartaruga são animais que transitam na água, na maior parte de suas vidas, e saem para terra para acasalarem ou colocar seus ovos.

Esses três animais trazem em sua Sabedoria Ancestral: calma, paciência, honra, longevidade, abundância, estabilidade, delicadeza, a certeza e a firmeza da Grande Mãe Terra, Jurema, Onilé, Gaia, Pachamama. Existem várias lendas nativas que dizem que o mundo está nas costas de uma tartaruga, e que ela carrega toda a Sabedoria Ancestral contida na Terra.

Coragem é a palavra mais certa para esses animais, porque eles têm a beleza de conseguir atravessar os dois mundos, espiritual e material. Possuem a capacidade de equilibrar os sentimentos com a razão, para conseguirmos caminhar com mais tranquilidade. A tartaruga não carrega sua casa nas costas. Ela é sua própria casa, mostrando que tudo que precisamos carregar está conosco, só necessitamos saber acessar. Ela é a certeza de que para caminhar firme na Terra não é preciso correr. Traz a sabedoria da criatividade e a noção de que as emoções existem para serem aproveitadas, mas não precisamos ser escravos delas.

Esses animais trazem a confiança de que o tempo cura tudo, e que a delicadeza traz generosidade e força para seguir sempre em frente. A tartaruga mostra e ensina que tudo acontece no seu devido tempo, mas que também é necessário sair da carapaça para poder aprender. Símbolo da Ancestralidade Feminina na coragem de Obá, no amor de Oxum, na criatividade de Iemanjá, na sabedoria de Logunã e, claro, nos braços de Nanã. Mostra que tudo que é bom e durável necessita de dedicação, disciplina e coragem, a fim de que possamos enfrentar as dificuldades. A tartaruga mostra a ligação que temos com a natureza, e que se buscamos uma sabedoria que vai além dos olhos da matéria, devemos sentir a terra sob nossos pés e a chuva cair em nossa cabeça; olhar também com o coração bem alinhado com a razão.

A tartaruga diz que ser confiante de si não é ser o mais rápido ou o melhor em tudo, mas o melhor possível com as suas condições. Ela é exemplo de que todas as ferramentas de que precisamos estão conosco. Vitorioso não é aquele que ostenta a vitória, mas quem continua caminhando e dando força para aqueles que querem desistir.

Orixás: Xangô, Logunã, Nanã, Iemanjá, Oxum e Obá.
Classificação na Alquimia Ancestral: PEREGRINOS.

Teiú (Lagarto)

É um animal que está ligado à força da terra. Sua Sabedoria diz que a terra sustenta toda a vida. Por isso, devemos ser gratos por ela e pela vida. O lagarto mostra a paciência para caminhar, mas também ensina que existem momentos na vida que necessitamos de velocidade e agilidade. Sua presença traz equilíbrio entre as esferas da existência. Ele também ensina que devemos estar em sintonia com o mundo espiritual.

Os teiús ensinam a ter pé no chão, mas também ajudam a cruzar as fronteiras da realidade. Eles dizem que mesmo com os pés bem firmes na terra, precisamos ter olhos para olhar para cima, para baixo e para os lados. Baixar a cabeça para Olorum e os Orixás é deixar a Sabedoria entrar pelo chacra coronário, entendendo de fato a humildade. Seu aparecimento mostra que devemos buscar nosso interior, cavar nossos sentimentos, pensamentos e nosso espírito, a fim de encontrar o que nos faz mal para poder renovar, e igualmente encontrar o que nos faz bem para fortalecer.

Sendo um dos guardiões que têm a capacidade de atravessar vários mundos, o teiú também ajuda a encontrar nossos Ancestrais Veneráveis. Por serem animais "jurássicos", esses animais conseguem ajudar a encontrar o que há muito tempo esquecemos. Os lagartos mostram que mesmo estando em lugares sombrios, podemos encontrar a Luz. Sua Sabedoria determina que mesmo atrás de uma couraça, precisamos ter compaixão, amor, zelo e esperança. Podemos ter diversas dificuldades impostas por uma sociedade problemática e egoísta, mas não devemos nos esquecer nunca de quem nós somos e de onde viemos. E se porventura esquecermos, temos a obrigação de nos procurar novamente. O teiú ensina que o conhecimento liberta das amarras da ignorância.

Os lagartos vão mostrar a você seus poderes ocultos. Eles podem ajudar nas iniciações que já foram feitas, mas esquecidas. Querem lhe mostrar a felicidade, e para isso você deve romper com velhos hábitos e começar a se renovar. Força de verdade está em saber quem realmente é você.

Orixás: Obá, Obaluaiê, Omolu, Ogum e Oxóssi.
Classificação na Alquimia Ancestral: PEREGRINOS.

Tiê-sangue

Este pássaro tem seu corpo vermelho como sangue, com cauda e asas pretas, e seu bico tem uma coloração branca. Suas cores já remetem à coloração dos Guardiões desse Mistério.

Pássaro que expressa a liberdade e a facilidade para alçar grandes voos. Ele ensina o respeito com o próximo, mas principalmente o respeito que devemos ter conosco. Estamos inseridos em uma sociedade, em um grupo ou cultura, mas não é por isso que devemos ter nossa mente engessada.

O tiê-sangue diz que, mesmo que estejamos em uma sociedade com regras, devemos ser autênticos, e carregar a nossa verdade dentro do bom senso e do equilíbrio. Seu aparecimento é a mostra do Conhecimento Ancestral, e que a busca pela Ancestralidade de sua linhagem é muito importante para o seu autoconhecimento. Buscar você em seu sangue é sua responsabilidade e lhe trará muitas alegrias, mas também pode gerar tristezas. Por isso, esteja preparado para o que vai encontrar. Seu aparecimento mostra maturidade e que você está tendo capacidade para lidar com problemas emocionais que o prejudicam.

Ele ensina que pensamentos obsessivos e compulsivos apenas atrasam e não deixam a mente voar livre. Ajuda a combater o ostracismo e a procrastinação. Sua Sabedoria traz vitalidade e força para caminhar, abrindo a mente para novos aprendizados. Liberdade só se conquista com conhecimento, e é exatamente isso que o tiê-sangue traz. Mente leve facilita no encontro com Zambi e ajuda a ter mais facilidade para ouvir Olodumaré.

O tiê-sangue ensina que a expressão em palavras é necessária, ajudando na comunicação. Impor-se em momentos certos de forma sensata não é orgulho, mas, sim, autopreservação. Ele também indica que nossas falas e atitudes devem estar equilibradas e alinhadas com o nosso coração, mente e espírito.

Orixás: Oxalá, Xangô, Egunitá, Iansã, Ogum, Obá e Oxóssi.
Classificação na Alquimia Ancestral: PEREGRINOS.

Tucano e Araçari

Essas são aves majestosas, e em seus voos xamânicos trazem muita sabedoria e respeito. Falando da parte material, são aves que vivem apenas na América Latina, mas sua Medicina Ancestral atravessa continentes e realidades.

O tucano, com seu bico longo, é a representação da majestade e da virilidade. São animais que ensinam a usar nossa vitalidade para construir relacionamentos e sonhos bem estruturados, vigorosos e firmes. Esses reis das árvores ajudam a equilibrar os nossos desejos com as nossas necessidades. Os tucanos trabalham com nossa energia sexual, interpretando nossos sentimentos e explicando que o amor é o que é. Ensinam que respeito é também uma manifestação do amor. Explicam que desejo faz parte da natureza e que está tudo bem desejar, desde que isso não se torne uma obsessão nem deixe você nem ninguém escravo desses desejos incontroláveis.

Eles revelam que a vida deve ser leve e a lealdade deve estar primeiramente em você e em seus princípios, a fim de que depois, por meio do exemplo, essas lições sejam transmitidas para a comunidade em que vive. Essas aves são extremamente protetoras, afastam dificuldades e cortam laços com pessoas tóxicas. Auxiliam na projeção astral e no voo xamânico. São aves que mostram novas direções e abrem nossos caminhos. Tucanos e araçaris são símbolos de lealdade, fidelidade, amor, respeito, sabedoria, coragem, resistência, equilíbrio, realeza, cura, fartura, geração e esperança. Eles nos ensinam que precisamos ser firmes na vida, mas que para agirmos desse modo não há nenhuma necessidade de sermos arrogantes e muito menos ignorantes, mas, sim, leves e bem articulados. Suas Medicinas estão muito ligadas às forças do coração, ligadas às Sete Linhas da Umbanda.

Orixás: Todos.
Classificação na Alquimia Ancestral: PEREGRINOS.

Tuiuiú e Cegonha

São Animais de Poder *Peregrinos* que trazem a fartura e a abundância quando se apresentam. Seu aparecimento também traz direção para seu protegido que, por algum motivo, estava perdido. Seu Axé traz clareza e melhora as oportunidades, fazendo com que seu protegido enxergue mais possibilidades. Trazem sustentabilidade. Nutrem a criatividade e a esperança na vida de seu guiado.

São Mensageiros Divinos, ensinando que a vida é infinita. Mostram que devemos honrar a vida, pois é um Bem Divino, e que a alegria e o sorriso devem estar sempre conosco. Eles indicam que as mudanças, altos e baixos, também fazem parte da vida, mas nunca devemos perder a fé e a esperança. São animais que inspiram confiança, respeito e lealdade. Sua energia cura nossos preconceitos, e traz aceitação e respeito. São Animais de Poder que quebram magias que envolvem a degradação financeira e a morte. Decantam sentimentos de procrastinação, preguiça e apatia. Colocam a vida em movimento, trazendo mudanças positivas.

Quando o tuiuiú voa várias vezes em cima de nossas cabeças, é sinal de que devemos melhorar nosso foco e também aprender a confiar nas Forças Divinas. Esses animais ensinam que existem momentos em que há a necessidade de mudar de lugar, se você quiser prosperar, pois algumas oportunidades só aparecem na mudança. Essas aves quebram preconceitos e pensamentos patriarcais e machistas, trazendo o verdadeiro sentimento de amor, principalmente o amor familiar.

São Animais de Poder que estabelecem bases e alicerces firmes para o crescimento e o desenvolvimento de seus protegidos. Eles fazem ninhos no Alto e, assim, trazem essa Consciência Divina para nós, humanos. Isso diz muitas coisas, pois devemos ter nossos pensamentos firmes no Sagrado e no Alto, para que os aprendizados do Orun cheguem com mais facilidade aqui ao Ayê.

Orixás: Iansã, Omolu, Obaluaiê, Nanã, Iemanjá e Oxumaré.
Classificação na Alquimia Ancestral: PEREGRINOS.

Vaca/Boi

A vaca é o útero do mundo. É um Animal de Poder que vem ensinar sobre o Sagrado Feminino e traz uma ligação muito profunda com a Mãe Terra. Essa ligação ensina muito sobre lealdade, reciprocidade e doação. Como útero do mundo, a vaca ensina que Deus também é a Mãe Criadora de toda a humanidade.

O boi ensina o respeito pelo Sagrado Feminino, dizendo que o Masculino complementa o Feminino, e que sem o Feminino não existiria o Masculino. A potência da humanidade não está na força física, mas em tratar a vida com coragem e docilidade, para que o respeito sempre prevaleça. O boi e a vaca nos tiram da paralisia, nos levando até melhores pastos.

A vaca ajuda a equilibrar as coisas da vida, ensinando realmente o que é Sagrado e pelo que vale a pena lutar. Sua Sabedoria traz mais intuição, a fim de que possamos olhar o futuro com mais leveza e encontrar caminhos melhores. Ela educa dizendo: *"quem tem paciência para olhar e analisar, alimenta-se de pastos mais verdes"*.

A vaca vem trazendo a fartura e toda a prosperidade no seu passo lento, conciso e contundente. Sua Medicina de Mãe cura nossas angústias relacionadas à família e auxilia na ligação fraternal. Sua presença melhora a convivência de todo o seio familiar. Traz fertilidade e abastece o coração, nossa alma, nosso espírito e nossa carne com o amor. Ajuda no amor-próprio, e na segurança de olhar no espelho e enxergar um espírito cheio de luz. Auxilia a digerir todo o rancor gerado por sentimentos que já deveríamos ter abandonado e seguido em frente.

Sua amabilidade protege tanto, que traz fortaleza e altruísmo. E por essa Sabedoria, ela auxilia a romper com relacionamentos tóxicos, construindo uma barreira contra energias negativas. Sua presença ajuda a realizarmos e concretizarmos nossos sonhos, pois faz com que busquemos habilidades já esquecidas e também novas. Traz solidez para o que realmente importa.

Muitas vezes, seu aparecimento é para podermos nos conectar mais fundo conosco. Sua energia ajuda na conexão com a fonte da criação e, assim, tornando seu protegido mais abundante e pleno. Sua sabedoria nutre todo nosso ser.

Orixás: Logunã, Oxalá, Iemanjá, Oxum, Nanã, Xangô e Obá.
Classificação na Alquimia Ancestral: PEREGRINOS.

Vaga-lume

Um animal intrigante, que guarda a sabedoria da pureza. Quando os vaga-lumes estão presentes no ambiente, eles refletem um lugar limpo e desprovido de poluição. Em decorrência desta, esses animais estão sendo vistos mais raramente.

Sua Consciência traz o brilho na noite, a Luz da Sabedoria clareando e iluminando a ignorância das trevas. Ajuda na renovação do amor e dos conhecimentos. Os pirilampos mostram que não é necessário ter uma luz grandiosa para auxiliar os outros, basta você começar amar a si que outros pirilampos vêm ajudar. Ensinam que a luz de verdade se acende quando toda a comunidade está bem. Mostram que a única forma de progredir é nutrir-se de conhecimento, alinhar-se com sua alma e seguir em frente, acreditando em seu potencial e que a Natureza segue seu curso. O vaga-lume ensina que para curar e iluminar-se, você deve aprender a andar sobre suas negatividades, mas nunca deixar apagar a sua Luz da esperança e dos sentidos da vida.

Vou colocar aqui uma psicografia de Pai Benedito de Angola (de 1º/10/2020), e você vai entender um pouquinho mais sobre a energia dos vaga-lumes. Eles são o reflexo das estrelas lá do céu, aqui, na Terra.

"Cada um de vóis são uma estrela lá do céu que foi Zambi que criô e trouxe pá cá pra aprende a desenvorvê a humanidade e o amô de vossos corações. Sabe a Luz da Estrela? Ela brilha na frequência do Amor e da Fé, e quanto mais ocê chega perto e pratica esses sentimentos, mais ela brilha.

Num precisa querê abraça o mundo todo, não. Não precisa querê ser um super-herói, não. Só precisa se dedica em vóis e querê miorá vóis memo, que depois vai iluminando aos arredô e assim é com o Universo. Cada estrela brilha até o chegar de outra estrela, e assim por diante. Isso é uma corrente, isso é uma corrente mediúnica, cada um brilha no seu limite e todos brilham em seguida. Isso aquece o coração de tudo mundo, e ilumina o coração e a vida dessa humanidade.

O mundo de oceis tá passando por transformação e vai passá pô muito mais coisa, até tudo oceis entenderem que a humanidade toda é uma grande corrente, onde cada um faz a sua parte para o brilho maió.

Fica feliz pelo arraiá do dia e o cantá dos passarinho. Zambi tá em tudo e em todos e, principalmente, nas coisas simples da vida. Porque o simples não precisa de explicação. Só É!"

Quando entendemos que o mais simples brilha, que o amor pela vida e o respeito pelo outro são entendidos, a vida segue e todos brilham em um mundo muito melhor. Respeito, amor, solidariedade, consciência, renovação, coragem, disciplina, tudo isso, e muito mais, o vaga-lume vai acender em seu coração e em sua mente. Aceite e siga.

Orixás: Oxum, Oxumaré, Oxalá, Logunã, Ogum, Iemanjá e Oxóssi.
Classificação na Alquimia Ancestral: PEREGRINOS.

Zebra

Esses Animais de Poder são a expressão da liberdade e do indomável. Ensinam a sermos singulares em uma comunidade. As zebras clareiam nossa mente, mostrando que para fazermos parte de uma comunidade não necessitamos nos apegar a paradigmas que não nos representam, mas precisa haver o respeito a todos e todas.

Sua força destemida não deixa que nossos pensamentos sejam amarrados com hipocrisia, dogmas ou em pensamentos castradores. Suas cores mostram o equilíbrio entre o claro e o escuro, *yin* e *yang*, matéria e espírito, mente e alma. A energia da zebra está ancorada na capacidade comunicativa e na consciência da terra que pisa, esclarecendo que todos fazem parte da mesma manada e temos de ter senso de comunidade.

A zebra é um animal místico que sabe nos amparar na magia, ensinando o uso correto desta. Sua Consciência nos ajuda a transitar em todas as dimensões da vida com velocidade e firmeza. Seu espírito nos auxilia a ter várias perspectivas de olhares. Ela nos guia sobre a liberdade dos desejos, e instrui que não precisamos ter vergonha dos nossos desejos e vontades, que se isso não fere nem agride você e ninguém ao seu lado, está tudo certo.

A zebra também tem uma característica protetora: fica à frente e às costas de seus protegidos. Sua coragem, bravura, destreza e força quebram qualquer tipo de energia nefasta, mandada, pensada ou escrita. Auxilia e está junto aos guardiões para quebrar e destruir magias que aprisionam e amarram as pessoas. Sua Sabedoria ensina limites e traz fertilidade. Aprenda com a coragem, liberdade e a consciência desse grande Animal de Poder. Honre sua força sendo uma boa pessoa e conhecendo seus limites.

Sua mordida e seu casco podem ficar marcados na "pele" daquele que desafia a Lei.

Orixás: Obaluaiê, Omolu, Xangô, Oxalá, Egunitá, Ogum, Logunã, Iansã e Obá.

Classificação na Alquimia Ancestral: PEREGRINOS

Territoriais

Nesta seção, vamos falar sobre os Animais de Poder *Territoriais*. Na visão da Alquimia Ancestral, entendemos que os animais não trabalham sozinhos, mas alguns preferem a solidão. Esses animais são extremamente protetores, reativos e leais. Compreendem a atuação e a ligação de parceria e de confiança mútua. Eles ensinam que não existe escravidão, mas, sim, um respeito e uma troca de favores, em que a base é amizade, companheirismo, lealdade, verdade e amor.

São os *Territoriais* que cortam nossos excessos e protegem nosso cerne emocional; são eles que ajudam a alavancar e dar vitalidade, para que possamos crescer e enraizar nossas Ancestralidades e positividades. Eles nos protegem das investidas de energias negativas, mantendo a nossa alma íntegra. São Animais de Poder que nos guiam nas trilhas e não deixam que passemos dos limites. Eles fortalecem nossas raízes. Estão sempre de prontidão e nada passa despercebido aos seus olhos.

Águia

Lindas e majestosas, as águias são Guardiãs do Leste e do Sol. São rainhas do ar, mas também estão muito ligadas à terra e às águas. São mensageiras do Grande Espírito, e junto aos Condores e aos Abutres, auxiliam o Grande Avô Sol a levantar-se.

Seu aparecimento melhora a clarividência e a intuição. Sua sabedoria ensina que devemos ter um olhar holístico e integral sobre o mundo e, principalmente, sobre a nossa vida. Seu canto e seus bateres de asas abrem nosso chacra frontal, assim, nos deixando mais despertos para a vida.

A águia ensina por meio de seus voos xamânicos que somos capazes de grandes realizações junto a ela. Educa mostrando que devemos olhar sempre além dos nossos olhos materiais, melhorando nossa ligação com a vida e com a Mãe Terra.

A Grande Mãe Águia é certeira em tudo o que faz, por isso quando chega para nos ajudar, traz o ensinamento de que devemos sempre nos planejar, a fim de que nossas atitudes sejam certeiras. Seu bater de asas clareia nossa mente e traz lucidez aos nossos pensamentos, dando visibilidade no caminho e melhorando nossa trilha. Sua Sabedoria ensina sobre o vazio, não o sentimento de vazio existencial, mas aquele vazio que é necessário para preenchermos com conhecimento e sabedoria dos aprendizados da vida, para que, em seguida, esses saberes sejam transbordados para toda a nossa existência.

Seu bater de asas sopra certeza em nossas vidas. Seu cantar elimina tristeza e melancolia. Sua presença encaminha para longe as ilusões. São Animais de Poder *Territoriais* que inspiram a verdade e o equilíbrio entre os céus e a terra.

Orixás: Oxóssi, Logunã, Oxum, Iemanjá, Oxumaré, Iansã, Egunitá, Oxalá e Xangô.

Classificação na Alquimia Ancestral: TERRITORIAIS.

Araponga

Seu canto é tão alto que prepara e protege as trilhas por onde iremos andar. Sua presença forja nosso caráter. Essas aves gostam de ficar em galhos altos observando de cima, mas não porque se acham melhores que nós, e sim por terem uma visão melhor de tudo. Seu aparecimento traz certeza, clareza e firmeza. Seu canto corta o medo e a fraqueza, forjando responsabilidade, bom caráter, humildade e coragem.

A araponga, quando chega, vem para dizer que está na hora de correr atrás de seus sonhos, parar de ficar apenas mirando e se lançar para suas conquistas. Seu *Axé Ancestral* melhora nossa autoconfiança e traz perseverança. É um Animal de Poder *Territorial* que sempre estará em volta de seu protegido, nem sempre tilintando seu cantar, mas na maioria das vezes em silêncio; quando canta, espanta qualquer demanda. Seu canto vibra todo nosso campo áurico, limpando o chacra coronário para melhorar o contato com o Alto.

Sua visão de tudo enxerga nossos lados positivos e sombrios, e sinaliza que devemos melhorar. Araponga cura ostracismo e fraqueza corporal.

Orixás: Oxalá, Oxóssi, Ogume Egunitá.

Classificação na Alquimia Ancestral: TERRITORIAIS.

Ariranhas e Lontras

Dentre os povos nativos, são conhecidas como onças do rio, lobos-d'água ou lobos-do-rio. Sua ferocidade e sua destreza em proteger sua família são excepcionais. São Animais de Poder *Territoriais* que, quando chegam a nós, trazem o amor familiar e ensinam sobre força, coragem, garra e fibra feminina. Ligadas à Força Feminina que gera o mundo, ensinam a respeito de geração de energia e de vida. Sua energia ensina sobre partilha e que a primeira caridade começa dentro do próprio ambiente familiar. Existe um ditado popular que diz assim: *"Santo de casa não faz milagre"* – elas se apresentam para falar o contrário, que santo de casa faz milagre, sim. Basta acreditar e ter fé.

Sua Sabedoria Ancestral ensina sobre relacionamentos. Quebram e rasgam qualquer tipo de sentimento de ciúme e de amarração amorosa. Com a liberdade e o amor de verdade, ajudam a construir parcerias, ligações e relacionamentos duradouros, férteis e prósperos. Elas, com seu amor fraternal, mostram o aconchego familiar e ensinam como devemos viver em sociedade. São extremamente espertas e sua destreza é Divina, portanto, dizem que devemos levar essas qualidades para nossas vidas. Sua visão é fantástica e dizem que precisamos sempre estar de olho à nossa volta, para não deixarmos oportunidades passarem despercebidas e, claro, não deixarmos que energias negativas nos peguem desprevenidos.

São Animais de Poder *Territoriais* que estabelecem limites claros e bem definidos, ensinando que devemos ter esses limites estabelecidos para evitar problemas. Aquele que conhece seus limites sabe até onde pode ir, e quem os esclarece não deixa nenhum enxerido chegar perto. Se por algum motivo esse limite for ultrapassado, azar de quem não respeitá-lo. Sua Sabedoria ordenadora e disciplinadora diz que a sociedade deve ser organizada, para que tudo corra da melhor forma possível.

Sua Medicina melhora a lealdade e a honra entre casais e família, trazendo mais confiança e comunicação, a fim de melhorar esses relacionamentos. Sua chegada e permanência mostram a limpidez espiritual e emotiva, pois seu *Axé Ancestral* não deixa nenhuma energia negativa se aproximar, muito menos permanecer. Suas vocalizações, além de melhorarem nossa comunicação, dão direcionamento para nossas vidas. São Animais de Poder que trazem resistência emotiva. As ariranhas conseguem captar diferentes tipos de vibrações, encontrando, rasgando e dilacerando trabalhos negativos. Têm uma excelente visão, e ótimos olfato e audição. São criaturas extremamente ríspidas, mas tratam seus protegidos com um amor incalculável.

Orixás: Logunã, Oxumaré, Obá, Oxum, Iemanjá, Nanã, Egunitá, Iansã, Iemanjá e Xangô.

Classificação na Alquimia Ancestral: TERRITORIAIS.

Beija-flor

Beija-flores são a essência pura de Zambi. Eles são os mensageiros diretos do Grande Espírito. São Animais de Poder *Territoriais*, pois cobram quem tem atitudes que vão contra a vida e a liberdade. Quando essas lindas aves chegam até nós, vêm trazendo beleza, paz, alegria, delicadeza, sorte e prosperidade. São polinizadores de qualidades Divinas, mas principalmente de Fé, Amor e Conhecimento. Elas polinizam nossa mente com clareza, coragem e lucidez, e nosso coração com compaixão, fraternidade, esperança e amor.

Seu *Axé Ancestral* melhora nossos relacionamentos, ensinando sobre limites, amor, paixão e desejo. Esses pássaros rompem com preconceitos medíocres, e ensinam sobre sexualidade, sensualidade e sexo. Trazem fertilidade, fecundidade e vigor para seus protegidos. Ensinam que o sexo é um Bem Divino, somente sendo malvisto ou criticado aos olhares de desequilibrados castradores da vida e do amor. Trazem equilíbrio para os Sete Sentidos da Vida. Ensinam sobre o magnetismo do Amor e da Fé.

Seu *Axé* traz simplicidade para a vida, oferecendo a beleza para enxergar a vida como ela é. Seu amparo é direcionador e acolhedor, mostrando os caminhos que podemos percorrer. O colibri voa em todas as direções, para trás, para a frente, para a direita, para a esquerda, para cima e para baixo. Sua Sabedoria Ancestral ensina sobre a infinitude de Olorum, falando sobre sua onisciência e onipresença, mostrando que a Divindade está em todos. Essas aves ensinam que ninguém deve afetar as pessoas por sentimentos de ciúmes, posse, ódio ou vingança, porque amor de verdade é libertador e extraordinário.

O bater de suas asas produz um som e uma brisa que encaminham espíritos sofredores, amargurados e desamparados. O frescor do bater de suas asas também traz sabedoria. Essas aves voam ao nosso redor para melhorar nosso campo áurico. Sua Sabedoria fala sobre gratidão. É próspero aquele que é grato pelo que tem. Os beija-flores ensinam que não é necessário ter um tamanho enorme para fazer a diferença, mas apenas ter consciência de si e vontade para mudar a realidade à sua volta. Dizem que somos aquilo de que alimentamos, não só em matéria, mas também em energia, e que devemos nos alimentar de energias boas para termos nossas funções materiais, emocionais, mentais e espirituais funcionando de forma correta. Altamente velozes, trazem o movimento e a agilidade. Também trazem o ensinamento de que existem momentos em que precisamos descansar, a fim de recuperar as forças para alçar voos para a infinitude da vida. Trazem o silêncio, mas igualmente argumentam que o verbo é de suma importância e criador de bem-aventuranças.

Orixás: Todos.
Classificação na Alquimia Ancestral: TERRITORIAIS.

Bem-te-vi

A ave das boas-vindas chega até nós cheia de virtuosismo e empoderamento. Sua presença melhora nossa comunicação, traz empoderamento e coragem para seguirmos em frente. Ela traz adaptabilidade e esperança de um futuro melhor. Seu *Axé Ancestral* renova nossos sentimentos e atitudes, retirando ostracismo e procrastinação. Valente, ela infla em nosso peito a vontade de construirmos um mundo melhor ao nosso redor.

Extremamente corajosa, protege a família e aquele que se ama, quebrando todo tipo de demanda, porque não tem medo de enfrentar os mesquinhos e egoístas, que pensam apenas em seus umbigos. Essas aves ensinam que a força maior não está no tamanho nem na força física, mas, sim, na Fé, no Amor e em acreditar na Lei Divina, que tudo se resolve, mesmo que demore. Sua energia nos envolve e retira todos os miasmas, cascões e sugadores de energias que estão à nossa volta ou encalacrados em nosso corpo espiritual.

Altamente inteligentes, essas aves educam dizendo que não podemos desistir. Bem-te-vis também são a boca do mundo, se alimentando daquilo que é necessário naquele momento. Seu Mistério nos envolve, trazendo compaixão e empatia. Seus ensinamentos de prosperidade começam com a gratidão, pois aquele que é grato, com certeza, saberá usufruir o que lhe é confiado. Traz a gratidão pela vida, pelo que se tem e por tudo que nos cerca. Seu balançar de asas melhora nossa visão xamânica, e nos leva a sonhos xamânicos que são premonitórios.

Amparam seus protegidos com bicos, garras e força de vontade, e não desistem até que toda a energia maléfica seja dissipada e transformada. Rastreiam as energias de agouro, de olho gordo e de inveja, renovam e transmutam tudo isso em amor, gratidão e fortaleza, para que a direção correta seja tomada, sem ódio e vingança.

Orixás: Oxalá, Logunã, Oxum, Oxumaré, Obaluaiê, Iansã e Ogum.
Classificação na Alquimia Ancestral: TERRITORIAIS.

Canguru

Animal de Poder que fortalece a criança interior de seu protegido. Traz aconchego e proteção maternal. São animais que conseguem ficar em três apoios, dando sustentação para nossos desejos, vitalidades e fertilidades. Extremamente ligados com a energia da Terra, melhoram nossa coragem, força e determinação.

Sua Sabedoria ensina sobre dar, receber e poupar; saber dar e receber sem culpa e sem julgamento. O canguru trabalha com a energia de gratidão, fortalecendo nosso Axé com a alegria e o respeito por estar pisando nesta terra. Um Animal de Poder *Territorial,* que anda à noite e durante o dia. Ensina sobre o progresso e ajuda em saltos temporais. Sua presença melhora nosso foco e nossa fala. Sua energia percebe nossas intenções.

São animais desconfiados que vão se aproximando aos poucos, e só se mostram ao seu protegido quando este está alinhado com as boas intenções deles, senão agem apenas no mistério oculto. Ensinam que a nossa ligação Ancestral é muito importante. E quando vamos nos reorganizando e adquirindo consciência, eles nos ajudam a resolver os problemas de muito tempo atrás. São animais que estão a serviço da Lei, e não pensam duas vezes em usar sua mão esquerda a serviço de Xangô, Ogum, Exu e de todos os Orixás.

Orixás: Xangô, Ogum, Iansã, Logunã, Oxalá e Obá.
Classificação na Alquimia Ancestral: TERRITORIAIS.

Coiote e Chacal

Animais de Poder irreverentes e maliciosos. Quando chegam e se apresentam, é para dizer que você está levando a vida muito a sério e precisa de uma pausa. São animais que ensinam que tudo é Sagrado, mas, ao mesmo tempo, também não é, depende de como você olha a vida e está vestindo a máscara hoje. Coiotes e chacais trazem consigo o riso Sagrado, tratando a vida como uma verdadeira arte de sobrevivência; mostram que é preciso muita malandragem para entender o mundo.

Esses Animais de Poder nos ensinam que devemos melhorar nossa visão de mundo, derrubar nossas máscaras, para buscarmos o verdadeiro Eu. Dizem que de nada adianta chorar pelas tristezas e pelos fracassos, mas que rir e seguir em frente sempre são o caminho. Sua astúcia e Sabedoria fazem ambos serem bufões, aqueles que riem da própria desgraça, pois aprendem, agradecem e seguem a vida com ainda mais Sabedoria. Astutos como ninguém, sabem guardar segredo, porque entendem que magia de verdade é feita sem muito alarde.

Animais que ensinam sobre adaptação, e não têm medo de descer até as maiores profundezas, porque andam sem nada temer, já que são mestres da magia e da malandragem. Usam a malícia para ludibriar aqueles que acham que estão enganando, para no final dar risada na cara do zombador e salafrário. Trazem otimismo para nossas vidas. Quem não entende a Magia e a Sabedoria do coiote não entende a si mesmo, pois veste máscaras para se esconder do mundo.

O coiote e o chacal ajudam apenas no momento em que você desistir de ser asqueroso e arrogante. Eles fazem buracos na nossa trilha para tropeçarmos e, assim, possamos enxergar as besteiras que estamos fazendo em nossas vidas. Coiotes riem quando isso acontece e, no seu uivo, eles tocam nossa alma, a fim de que possamos enxergar o que somos e nos renovar nas alegrias de suas travessuras. Desse modo, ensinam a arte de ser Malandro.

Orixás: Oxalá, Obaluaiê e Omolu.
Classificação na Alquimia Ancestral: TERRITORIAIS.

Coruja

Senhora da Sabedoria, guardiã do conhecimento e da sapiência. Quando chega até nós, a coruja traz sabedoria, foco, conhecimento, lucidez e purifica todo o nosso redor. É considerada a águia da noite. Sua Medicina Ancestral oferece cura física e mental, pois paralisa, decanta e quebra todos os nossos traumas, mas para isso devemos estar dispostos a mergulhar nas profundezas de nossos sentimentos com ela, a fim de enfrentar e curar nossas experiências traumáticas. Sua Sabedoria é tão vasta que dá clareza para todo o nosso redor e quebra ilusões que vivenciamos e acreditamos como verdades absolutas.

Uma ave que desvenda as verdades ocultas e as mostra, mesmo que machuquem. Um Animal de Poder *Territorial* purificado pela Lua e guiado pelas estrelas. Sua chegada desperta a curiosidade e a vontade de saber, traz o desejo de explorar o inexplorado para romper com as trevas da ignorância. As corujas são extremamente caçadoras e ensinam que devemos também ativar esse caçador dentro de nós. Trazem objetividade para nossas vidas, para não ficarmos dando voltas, e por essas indecisões acabemos perdendo o foco e o alvo.

Seus olhos enxergam nossa alma e conseguem ver nossas intenções mais profundas. Além de enxergarem, também ouvem nossas intenções e pensamentos. Seu *Axé Ancestral* auxilia no desenvolvimento das faculdades mediúnicas em geral, mas principalmente em telepatia, intuições, vidência e clarividência. São extremamente espertas e inteligentes, ensinando que para melhor nos desenvolvermos e entendermos a vida, devemos ter paciência, pois o verdadeiro conhecimento é liberado com o tempo, a dedicação e o merecimento.

As corujas são Mestres de Magia, Ocultismo e feitiçaria, e não há nenhum tipo de mironga que não conheçam. Elas mostram que devemos sempre estar atentos aos nossos arredores, portanto, ensinando que, para isso, precisamos ver em todos os ângulos, 360 graus. Elas têm uma excelente visão e audição, assim auxiliam a ver e a escutar aquilo que não conseguimos, em virtude da densidade da matéria ou da ansiedade em nossas mentes e corações. Sua presença aprimora nossa percepção e audição para melhor ouvir o mundo espiritual e nossos mentores.

Elas trabalham no silêncio e, com isso, ensinam que devemos aprender a falar somente no momento certo; e que para ter uma boa caçada e bons resultados, precisamos aprender a fechar nossa boca e caminhar com leveza. A coruja, quando pia, sinaliza o perigo à nossa frente, é nesse momento que devemos ficar atentos às trilhas que percorremos. Quando ela passa diante de nós, é um sinal de que devemos prestar atenção ao caminho.

Algumas culturas dizem que o cantar de uma coruja é um presságio de um mal ou de uma morte, na verdade, é um aviso de perigo e que precisamos nos acautelar. A morte é algo natural, vai acontecer sempre em todas as realidades. A morte não é apenas física, mas também pode ser a morte de ciclos, de encerramentos de atitudes, pensamentos e sentimentos que, muitas vezes, precisamos matar para dar espaço para algo bom nascer em nossas vidas. A morte e o oculto nunca foram nem nunca serão coisas ruins, mas, sim, são Mistérios Divinos; assim é. Quando dizemos que o desconhecido é negativo, é porque ainda não entendemos o ciclo da vida.

Orixás: Oxóssi, Obá, Obaluaiê, Omolu, Iansã, Ogum, Logunã, Oxalá e Nanã.

Classificação na Alquimia Ancestral: TERRITORIAIS.

Corvo

Suas penas trazem a cor de um preto intenso ou de um azul-petróleo, e é por esse motivo que alguns acreditam que a força do corvo traz maus presságios. Mas eles não tem nada de mau. O problema é que o ser humano, com a consciência ainda em desenvolvimento, não consegue entender mortes, encerramentos e ciclos. O corvo, quando chega à nossa vida, traz lealdade, com isso, ajuda seu protegido a começar a entender os ciclos que fazem parte da natureza. São altamente mágicos e misteriosos. Têm a capacidade de interagir com onisciência em vários mundos e momentos, conseguindo enxergar o presente, o passado e o futuro, ao mesmo tempo. São Animais de Poder que interagem com realidades negativas e positivas.

Seu *Axé Ancestral* retira hipocrisia e equilibra as fases de nossas vidas. Sua Sabedoria ensina a compreendermos os encerramentos das coisas, de relacionamentos, negócios e até entender a morte carnal. Esses animais trazem confiança aos seus protegidos, pois só quem é confiante de si consegue andar por vários mundos. Respeitam e ensinam sobre organização e hierarquia, pois só assim uma sociedade consegue ser organizada, mas não essa besteira de hierarquia que conhecemos, em que um é "melhor" que o outro, mas, sim, aquela que entende o compromisso e a responsabilidade de cada um e traz a integração necessária para a vida. O corvo melhora nosso relacionamento com o nosso próprio ser, portanto, aprimora nosso relacionamento com a sociedade que nos cerca. Melhora nossa comunicação.

Os corvos ensinam sobre toda a Criação Divina, por esse motivo sabem que preconceito, ódio e soberba são doenças da alma e daqueles que estão perturbados. Sua Sabedoria entende que Zambi está em todos os lugares e presente em tudo que existe no universo. Mensageiro, o corvo traz a mensagem de Olorum e, se for permitido pela Lei Divina, traz a visita dos espíritos amigos que conhecemos e amamos. Esses animais ensinam que ninguém é independente, e que existem momentos nos quais precisaremos pedir ajuda. Trazem esperteza, destreza, adaptabilidade e criatividade para nossas vidas.

São purificadores de ambientes, alimentando-se de restos energéticos e de energias mórbidas. Trazem a cura e a esperança de um mundo melhor e mais amoroso. Sua Sabedoria rompe barreiras do emocional, material, mental e espiritual, trazendo novas perspectivas de vida e aceitação. Trabalham nas profundezas de nossa mente. Melhoram nossa conexão com a vida.

Orixás: Logunã, Ogum, Iansã e Omolu.

Classificação na Alquimia Ancestral: TERRITORIAIS.

Crocodilo e Jacaré

Animais de Poder fabulosos, que andam entre a criação e a destruição. Mergulham com seu protegido até as profundidades do inconsciente, ensinando a destruir dogmas, paradigmas, conhecimentos paralisantes, ódios, rancores, incertezas e sentimentos insalubres. Também nesse mergulho, ajudam a recuperar sentimentos de altruísmo, aprendizados e iniciações que foram esquecidas de outras vidas.

Guardiões do conhecimento e da Memória Ancestral primitiva, esses animais conseguem permear e atravessar realidades, ensinando a arte da cura aos seus protegidos. Os crocodilos ensinam aos seus pupilos a arte da paciência, somada com resistência, que converge em uma resiliência fora do normal. Isso ajuda na melhora do aproveitamento, tornando as ações mais produtivas e cheias de excelência Divina.

O jacaré mostra que agir na hora certa traz bons resultados e, para que isso aconteça, é necessário observar e se acautelar nas ações. Seu *Axé Ancestral* também está ligado à clarividência, assim, ajudando a visualizar oportunidades, o que está acontecendo ao seu redor e o que está e vai acontecer à sua frente.

O crocodilo traz uma resistência muito forte. Sua boca cospe fogo como Xangô. Sua energia traz virilidade e vigor. Ele auxilia a encontrar todo e qualquer tipo de energia negativa acumulada, mandada ou pensada, para que, logo em seguida, seja engolida e digerida por completo. Não existem limites que o jacaré não consiga ultrapassar, muito menos, digerir.

Sua paciência faz com que esses animais fiquem muitos anos ao lado de seu protegido sem "sair" do lugar. Podem estar sozinhos ou acompanhados de vários outros crocodilos e jacarés. O bote desse animal é certeiro como a flecha de Oxóssi.

***Orix**ás*: Logunã, Oxum, Xangô, Egunitá, Oxóssi, Obá, Ogum, Obaluaiê, Omolu, Nanã.
Classificação na Alquimia Ancestral: TERRITORIAIS.

Falcão

Um Animal de Poder *Territorial* que é os olhos de Zambi e, também, o mensageiro do Divino Olorum. Abençoado e guiado pelo Sol, traz clareza e melhora nossa percepção do que nos cerca. O falcão aprimora nosso foco e nossa concentração, para podermos enxergar, escutar e presenciar as manifestações Divinas ao nosso redor. Sua Sabedoria Ancestral melhora a clarividência e a vidência, mas ensina que o melhor momento para se viver é o agora.

O falcão traz confiança, coragem, lealdade e agilidade. Sua potência aquecedora coloca tudo à nossa volta em movimento acelerado. Esse animal rompe barreiras para curar nossa alma ferida. Sua manifestação melhora nossa fé e faz com que aprendamos a mergulhar em nosso ser. O falcão ensina que não devemos ter medo, mas mergulhar em nossos sonhos, claro que acompanhados de bom senso e razão. O falcão melhora nosso raciocínio e alinha nossas quatro esferas da **saúde plena**.

Esse grande *Territorial* ensina a olhar as coisas além do óbvio, mostrando que muitas vezes precisamos enxergar de olhos fechados, pois assim a alma fala. Enquanto o falcão ensina sobre velocidade e agilidade, ele também diz que precisamos ter cautela, observar e agir na hora certa. Sua velocidade e mira são certeiras. Auxilia nas questões de metas e sonhos.

Orixás: Oxalá, Logunã, Xangô, Egunitá, Ogum, Iansã, Oxóssi e Obá.
Classificação na Alquimia Ancestral: TERRITORIAIS.

Gambá e Cangambá

Sabemos que esses são animais diferentes fisiológica e taxonomicamente falando. Contudo, este livro não é um tratado de Biologia, mas uma forma de nos conectarmos com os Animais de Poder por meio de suas almas e, principalmente, dos seus instintos. E, energeticamente, eles são muito parecidos, apesar de haver algumas diferenças.

São animais solitários, que não gostam muito de socializar. São exímios em ensinar a proteger nossos campos energético, familiar e todo o nosso ambiente sagrado, a fim de que não haja invasões desnecessárias. Auxiliam as pessoas a entenderem os limites dos outros e contribuem para que entendamos os nossos limites, tampouco que há algo de errado em estipular limites para nossas relações. Isso se chama autocuidado e respeito, consigo e com o outro. Esses animais nos ajudam a caminhar pelas sombras da vida, fazendo com que rompamos com paradigmas e dogmas que não precisamos carregar. Eles instruem que paradigmas e dogmas devem ser questionados, para não nos fazermos reféns de crendices manipuladoras e que só afetam nosso Espaço Sagrado.

Gambás e cangambás ajudam a transmutar energias estagnadas. Sua Sabedoria ensina que, mesmo andando pelas sombras de nossos pensamentos, temos a chance de transmutar tudo isso. Eles dizem que se apegar aos sentimentos do passado é apenas uma nostalgia sem fundamento, porque o que realmente se vive é o momento presente. Esses animais esclarecem que devemos dar valor ao que realmente importa e ao que podemos carregar, que são aprendizados, vivências e sentimentos de gratidão e coragem. Como têm o poder de caminhar entre as escuridões, sabem que precisam de estratégia para isso, principalmente para não serem alvos de negatividades desnecessárias. Então, nos ajudam a organizar e ter estratégia para lidar com as situações da vida.

Também elucidam que nem tudo que cheira mal, realmente, fede e está de fato morto. Na maioria das vezes, apenas é algo ou alguém que precisa de cuidado e de um pouco de amor para conseguir caminhar novamente. Igualmente, esclarecem que nem tudo que brilha é ouro. Eles curam nossos sentimentos mais profundos, primeiro, com a aceitação e, depois, com a transmutação.

Orixás: Omolu, Obaluaiê, Nanã, Iansã e Ogum.
Classificação na Alquimia Ancestral: TERRITORIAIS.

Garça

É a representação do Sagrado Feminino, a doçura em forma de *Ave de Poder*. Seu aparecimento traz consigo a delicadeza, a sutileza e a elegância. A garça chega para voar ao nosso lado e ao nosso redor, purificando nosso próprio Axé e trazendo mais amor a toda a nossa realidade. Toda serena, transmite a calma e a confiança para acreditarmos sempre em bons ventos e boas correntezas. Ela é uma mãe de vários amores, que ensina sobre respeito e traz equilíbrio emocional.

Seu *Axé Animal* traz a consciência de que devemos também ouvir nossas emoções. A garça diz que precisamos primeiro saber em quem confiar, porque falar todos os sentimentos para quem não conhecemos é burrice; muitas vezes, é dar munição para o inimigo. Ela ensina que o homem também pode chorar, e que o choro de tristeza auxilia no descarrego das angústias nos braços de Iemanjá. Ela fala que o choro de felicidade traz a potência de todas as Mães-d'água, e as lágrimas regam as alegrias com a fartura de Iemanjá, Oxum e Nanã.

As garças voam para dentro dos corações vazios, e preenchem-nos com amor e ternura. Retiram as amarras internas, e trazem a gratidão pela vida e pelo que se tem. Sua doçura dá direção e precisão, para podermos ter mais acertos nas andanças deste mundo. Trazem fertilidade e fecundidade. Melhoram nosso entendimento sobre os desejos, ensinando que a vida não precisa ser solitária. Combatem serpentes venenosas e constritoras da esperança.

Orixás: Iansã, Oxum, Oxumaré, Nanã, Iemanjá e Logunã.
Classificação na Alquimia Ancestral: TERRITORIAIS.

Gavião

Gavião também é o Mestre dos ares junto a águias, falcões, urubus e condores. Seus voos em nossa realidade trazem liberdade, velocidade e agilidade. Os gaviões ensinam que devemos aprender a observar tudo o que se passa ao nosso redor, mas também observar aquilo que acontece em nosso interior. Auxiliam em rasantes profundos em nossa consciência, a fim de que aprendamos a curar as feridas esquecidas, mas ainda não cicatrizadas.

Sua Sabedoria Ancestral traz consigo a lealdade e a confiança. O gavião ensina que precisamos ter foco para chegarmos aos nossos objetivos, mas também temos de ter garras fortes para mantê-los. O gavião é o poder dos ares ensinando sobre prosperidade. Diz que prosperidade não é apenas chegar a algo de valor, mas também saber manter, cultivar e semear esse tesouro. Os gaviões são Animais de Poder *Territoriais* que auxiliam no clareamento de nossa mente e visão, assoprando para bem longe a névoa da ilusão e da ignorância.

Os gaviões são extremamente protetores, e dão rasantes e bicadas naqueles que se atrevem a prejudicar seu protegido. Com sua visão, auxiliam que aprendamos a enxergar mais além e, assim, ter a possibilidade de escolher sabiamente os caminhos a seguir. Ajudam, também, em viagens xamânicas. Auxiliam na cura de doenças de origem pulmonar. Ensinam a silenciar a mente, bem como na compreensão de si. O gavião perguntou: *"Seus pensamentos trazem desespero ou tranquilidade?"*

Orixás: Oxalá, Iansã, Ogum, Xangô, Egunitá e Oxóssi.
Classificação na Alquimia Ancestral: TERRITORIAIS.

Guepardo

É o felino da velocidade e da primazia nas caçadas. Um animal que, quando chega ao nosso encontro, traz delicadeza, elegância, assertividade e pureza de coração. Sua energia é tão sábia e amorosa que nos envolve em uma áurea rosa e dourada, repleta de amor e paixão. Normalmente, não conseguimos ver quando esse animal se aproxima e, quando nos damos conta, ele já está "em cima" de nós. O guepardo carrega a nossa criança interior, mostrando haver momentos em que precisamos de alegria, felicidade e nos desligar de rotinas, indo logo fazer o que realmente nos deixa felizes.

Esse Animal de Poder ensina que é sábio de nossa parte aprender nossos limites, a fim de que possamos entender até onde nossos pés, braços e mente podem alcançar. Com sua velocidade, quebra a barreira do tempo, auxiliando no rastreamento de emoções perturbadas, escondidas e esquecidas nas profundezas da alma. Ajuda na cura e na regeneração do espírito e da alma. Guiado pelo Sol, traz o entendimento de paixões e amores. Seu amor é tão fraternal, que ensina sobre nossa ligação ancestral e a sabedoria de que existem várias formas de amor, e que não há problema algum nisso. Amor é amor, e sempre será. O preconceito está embutido na cabeça daquele que não entende de si e está preso em paradigmas castradores da vida.

Sua sabedoria fala sobre equilíbrio, estabilidade e prosperidade. E que a verdadeira prosperidade não é só ter, mas também manter sentimentos e atitudes de grandeza para com você e, consequentemente, para com todos ao seu redor. O guepardo traz consigo o otimismo, passando isso para seu protegido, para sempre ter força de vontade de perseguir seus sonhos e objetivos. Sua destreza mostra que devemos ter flexibilidade, esperteza, inteligência e adaptabilidade em tudo que vamos realizar, sem perder o foco. Sua Medicina Ancestral auxilia na socialização e na fala, melhorando nossa expressão. O guepardo pode ser invocado para trazer fertilidade e virilidade.

Orixás: Oxalá, Logunã, Obá, Oxum, Oxumaré, Egunitá, Xangô, Iansã, Iemanjá, Omolu e Obaluaiê.

Classificação na Alquimia Ancestral: TERRITORIAIS.

Hiena

As hienas são Rainhas da savana, e mães extremamente protetoras e vigilantes. São matriarcas que dizem que Zambi também é mulher e, por esse motivo, todos carregam o poder feminino em suas almas. São Animais de Poder *Territoriais* que ensinam sobre gratidão pela vida, pois tudo a natureza fornece e traz com fartura. Elas mostram que todos nascem prontos e preparados para as batalhas e as adversidades da vida, contudo, precisamos aprender a utilizar todas as ferramentas dispostas ao nosso redor.

Trazem consigo o Poder Feminino, no qual o clã segue uma hierarquia rígida, mostrando que tudo nesta vida deve ter organização e disciplina para se concretizar. São altamente agressivas e estão à disposição da Lei Divina, não tendo medo de se "sujar" para aplicar a Lei e esgotar, rasgar, dilacerar, cortar, digerir e encerrar todo e qualquer tipo de energia. Comem tudo e quebram qualquer tipo de energia negativa, são rastreadoras de quem atenta contra os princípios divinos e contra a Lei. Sua energia ajuda a digerir rancores, amarguras, ódios, vinganças, ganâncias e preconceitos.

Seu *Axé Ancestral* é guiado pela Mãe Lua e aquecido pelo Pai Sol. São extremamente leais e amigas, sempre chegando a uma grande alcateia para ajudar seu protegido. Ensinam que para crescermos devemos ter confiança, lealdade, humildade e honestidade em nossos relacionamentos, pois tudo que é sólido não machuca nem magoa ninguém. Sua energia traz solidez, equilíbrio e estabilidade em nossa **saúde plena**. Elas ensinam que devemos ouvir mais nossos instintos, porque é por meio deles que nossa alma e espírito falam.

Elas educam, dizendo que devemos ser oportunistas e aproveitar o que a vida nos dá, fazendo o melhor possível com o que é confiado a nós. Seu aparecimento vem melhorar nossa produtividade e efetividade, a fim de que possamos fazer o menor esforço possível, atingindo o melhor resultado. Suas vocalizações ensinam como viver em sociedade, também melhoram nossa fala e organização. Trazem inteligência, força física e robustez para nossas vidas. As hienas falam sobre liberdade sexual e quebram preconceitos com relação a sexo e relacionamentos, pois elas entendem que todas as formas de amor são legítimas e, obviamente, que cada um deve cuidar da sua vida, sabendo o que traz felicidade para si.

Orixás: Omolu, Iansã, Logunã, Obá, Nanã e Oxumaré.
Classificação na Alquimia Ancestral: TERRITORIAIS.

Hipopótamo

Os hipopótamos são Animais de Poder extremamente *Territoriais*, auxiliam na proteção de sua comunidade e de todos que são importantes para o seu guiado. Animais de Poder altamente reativos, ensinam a viver em comunidade. Protegem mulheres grávidas e, com sua energia, auxiliam no momento do parto. Sua agressividade é controlada, apesar de ser imprevisível. Hipopótamos ensinam sobre como ser agressivo, ter coragem e força para segurar seus sonhos.

Os hipopótamos melhoram nossa intuição e desenvolvem todo o nosso psíquico para entendermos os sentidos da vida. Trazem o equilíbrio entre a água e a terra. Ensinam sobre coragem e limites, que não precisamos fazer nada para ninguém, mas também que não há nada de errado em colocar proteções em nossa volta. E besta é aquele que as ultrapassa. São Animais de Poder que auxiliam pessoas muito ocupadas e extremamente hiperativas a entrarem em um modo de tranquilidade, mostrando que a procrastinação também pode ajudar na criatividade.

Animais que auxiliam na melhora da produtividade, trazendo abundância e fertilidade para nossas vidas. Hipopótamos têm a capacidade de aglutinar e decantar energias. Eles melhoram nossa **saúde plena**, fazendo com que a cura venha por meio do mental, do emocional e do espiritual, em seguida, materializando toda essa recuperação. Ajudam no aterramento e na decantação de sentimentos negativos. Eles nos ensinam que precisamos nos curar, mas não é por isso que devemos fazer tudo de uma vez. Os hipopótamos mergulham com profundidade em nossos sentimentos mais ocultos, mas vão fazendo isso com calma e bem devagar, passo por passo, verificando até onde podem ir com seu protegido.

São Animais de Poder *Territoriais* que escolheram caminhar nas trevas, mas isso não quer dizer que sejam ruins. Caminham na escuridão dos sentimentos e dos pensamentos para quebrar ilusões, preconceitos e ignorâncias, criados em nossos mentais e emocionais perturbados. Não aceitam que pessoas atravessem os limites estabelecidos e são extremamente reativos com relação a isso. Entender, bem como respeitar o espaço do outro, significa o entendimento de livre-arbítrio e liberdade. São curadores, feiticeiros e lidam muito bem com quebras de energias negativas. Produzem uma energia protetora que envolve todo o seu protegido, evitando que energias negativas cheguem até seu espírito, corpo, alma e mente.

Orixás: Obaluaiê, Nanã, Omolu, Oxum e Iemanjá.
Classificação na Alquimia Ancestral: TERRITORIAIS.

João-de-barro

Uma *Ave de Poder* que traz vários ensinamentos por meio de lendas e mitos que contam sobre ela. Seu *Axé Ancestral* ensina que devemos aprender a fazer ligações duradouras e preservar a amizade, pois a confiança deve ser sempre sustentada e mantida. Esse pássaro, quando chega, constrói alicerces energéticos para podermos crescer e prosperar, também melhora nossa conexão com a Mãe Terra e com o Avô Sol. Sua esperança e gratidão pela vida são exuberantes, e reverbera isso para seu protegido. Atua no mental assobiando cantos de esperança, dedicação, perseverança e gratidão.

Altamente protetor de quem ele ama, o joão-de-barro é também guardião de passagens, portas, porteiras e portões. Ensina que devemos proteger nosso Espaço Sagrado e impor limites às pessoas. Sua energia renova e dá esperança, trazendo sempre a fé e a alegria de um futuro melhor, mas não esquecendo nunca de trabalhar isso no presente. Traz energia e vigor para o trabalho. Sua energia traz adaptabilidade e maleabilidade, por isso que tem vários Áses na manga, que auxiliam na resolução de diversos problemas. Ensina sobre preparo e resistência.

Sua presença traz independência e ensina sobre a liberdade do amor. Sua manifestação decanta e cura ciúme e sentimento de posse por pessoas ou coisas. O joão-de-barro, com toda a sua sabedoria, ensina que tudo tem conserto neste mundo, e nada vai ser deixado de lado, pois tudo pode ser reaproveitado e remodelado. Sua Sabedoria diz que errar não é um malefício, mas, sim, uma forma de enxergar a besteira que estamos levando à nossa vida, e quando percebemos isso, temos a chance de renovar e curar nossos erros. Ensina sobre cooperação, e que todos devem praticar a compaixão e a empatia. Seu canto diz que aquele que deixa a casa vazia por descuido pode vê-la ser preenchida por serpentes.

Orixás: Oxalá, Xangô, Egunitá, Obá, Obaluaiê, Nanã, Omolu, Oxumaré.

Classificação na Alquimia Ancestral: TERRITORIAIS.

Leão

É a majestade dos Animais de Poder, símbolo da realeza e da nobreza masculina e feminina. Os leões são influenciados pelo Grande Avô Sol e pelas virtudes do verdadeiro ouro, as quais nos levam até Orun. No Egito antigo, falava-se que os leões e as leoas eram aqueles que auxiliavam o nascer do Sol, e traziam poder e saúde a todos.

Leões são os únicos felinos que interagem em família e formam alcateias. Um leão ou leoa nunca está sozinho protegendo seu guiado. Leões, quando caminham ao nosso lado, trazem prosperidade, vigor, vitalidade, fertilidade, fecundidade, lealdade e amor. Eles são magnetismos de boas aventuranças em nossas vidas. E também auxiliam a trabalharmos os conflitos da nossa mente e do nosso coração.

Leões ensinam que devemos dar ouvidos aos nossos instintos, porque se escutarmos com atenção, não nos envolveremos em enrascadas e conseguiremos extrair o máximo das oportunidades da vida. O leão enxerga seu protegido como seu filhote, que deve ser educado, ensinado e protegido. A educação dos leões, como ocorre com todos os animais, é pelo exemplo. Leões e leoas ensinam sobre o Sagrado Feminino e Masculino, dizendo que ambos devem ser respeitados igualmente. O feminino traz a ligação com o coração, o masculino com a razão, por isso eles são o equilíbrio da razão e da emoção.

Leões rugem ao nosso lado para nos trazer coragem, força, resistência, garra e persistência, a fim de que possamos melhorar a cada dia e, assim, lapidar nosso espírito e alma. Leões ajudam a melhorar nossa fala, comunicação e postura frente à comunidade onde vivemos, sem que precisemos perder a nossa originalidade. Seu brilho dourado ilumina as noites escuras e não têm medo de caminhar pela escuridão, porque conhecem seu potencial e sua força avassaladora. Seu rugido é ouvido a distância, não como sinal de superioridade, mas como um alerta de quem não foge de uma briga.

Quando o leão se apresenta, ele pisa em nosso ego, para aprendermos a viver em sociedade. Essa majestade ensina que há momentos de falar, escutar e se movimentar. Os leões são hábeis caçadores e, para isso, ensinam que devemos também ter estratégias, disciplina e organização, a fim de que não ajamos no impulso das emoções. Sua força grandiosa esmaga nosso orgulho e ensina sobre a humildade. Eles mostram que a grandeza e sua força não estão em seu tamanho e robustez, mas na prosperidade e coesão de todos da alcateia.

Ensinam aos seus filhotes a arte da camuflagem. Leões trazem a força da família e da proteção. Auxiliam na proteção de campos religiosos, e são guardiões do Sol e das Matas. Os leões ficam mais afastados procurando invasores e delatores da Lei; as leoas ficam mais no centro de seu círculo convívio, pegando aqueles que são encurralados pelos leões.

Leões ensinam sobre sinergismo, compreensão, respeito, humildade, lealdade, fraternidade, família e amor de verdade. Sua presença vem para aprendermos a enfrentar nossos medos, inseguranças e questionamentos que nos aprisionam, os quais não deixam que aproveitemos a vida com plenitude.

O Grande Rei e Grande Rainha educam, dizendo que após todos os seus ensinamentos serem absorvidos por seus guiados, é a hora de deixar outro Grande Rei e outra Grande Rainha assumirem o posto, pois uma nova visão é excelente para todo o grupo. Eles dizem que cada espírito tem algo a ensinar, desde pequenos ensinamentos até aqueles mais complexos.

Orixás: Oxalá, Xangô, Egunitá, Oxóssi, Obá, Oxum, Iemanjá e Oxumaré.

Classificação na Alquimia Ancestral: TERRITORIAIS.

Lebre e Coelho

A lebre é um grande Animal de Poder que está ligada à energia dos *Territoriais*. A lebre e o coelho são fontes de energia inesgotáveis da vida, da alegria e da felicidade. Sua presença ensina a desenvolvermos um melhor senso de atenção com tudo ao nosso redor. Quando a lebre cruzou meu caminho, disse que precisamos ter confiança em nós mesmos, mas não devemos confiar em tudo o que nos dizem. É necessário estabelecermos elos de confiança e saber em quem realmente podemos nos entregar e confiar.

Mestres da Magia e da boa aventurança, esses animais auxiliam na renovação de sentimentos e na esperança de que sempre vai ter uma luz que brilhará no horizonte. Caminham sob a luz da Lua, não temem a escuridão, porque sabem caminhar e prestam atenção em tudo – isso diz muita coisa sobre seu espírito e instinto. Sua Magia envolve todo nosso corpo, ensinando que devemos ouvir nossa intuição, mesmo que nossa vida esteja cheia de ruídos. Essa energia envolve todo nosso corpo, causando renovação e esperança de um dia melhor.

Como Mestres da magia, auxiliam para conseguirmos quebrar muitas crenças limitantes, que nos aprisionam e não nos deixam correr pelos campos verdes criados por Zambi. Grande Espírito, Tupã, Zambi, Olorum, Olodumaré, Deus e tantos outros nomes falam sobre o Grande Mistério, que não criaram nada neste mundo para sermos infelizes, tristes e arrogantes. O coelho veio trazer essa felicidade e alegria repleta de

Amor Divino. O coelho traz a gratidão pela vida, a fim de que possamos agradecer o que somos e não o que temos.

Fonte da vida, esses animais trazem virilidade, fertilidade e toda a potência da vida em nossos corpos, mentes, espírito e coração. Oferecem todo o empoderamento, coragem e firmeza de uma Grande Guerreira. Ligados à velocidade do vento, à firmeza da terra e à luz da Lua, não há nada neste mundo que pare a alegria de uma lebre ou de um coelho. Educam seus protegidos a reconhecerem o momento certo da ação para, então, agir com velocidade, esperteza e agilidade.

Orixás: Logunã, Iansã, Obá, Oxum, Oxóssi, Oxumaré e Ogum.
Classificação na Alquimia Ancestral: TERRITORIAIS.

Lince e Caracal

Felinos que trabalham no oculto e na sabedoria do silêncio, falando e ensinando somente o necessário. Quando eles chegam até nós, trazem leveza, suavidade e iluminação para nossas vidas. Ensinam sobre beleza, e como ela deve ser vista e admirada, não idolatrada com fanatismo ou narcisismo. Sua Sabedoria fala em buscar o conhecimento verdadeiro, trazendo o irrevelável para aqueles que merecem aprender. Ensinam que nem tudo deve ser dito.

Auxiliam no entendimento da independência. Sua *Medicina Ancestral* busca o nosso conhecimento oculto interno. Seus olhos refletem nossa alma e nossas intenções. São Animais de Poder *Territoriais* que mostram a verdade, e o que realmente vale a pena saber e desfrutar. Seu caminhar conosco traz poder pessoal e psíquico, melhorando nossa clarividência e visão de mundo. Mostram que precisamos persistir em nossos sonhos, e que os problemas são para serem escalados e superados, não guardados.

Sua Sabedoria é tão intensa, que ensinam como devemos escutar a Mãe Natureza e como devemos enxergá-la. E isso acontece só por meio do silêncio, porque é assim que Zambi fala conosco. Seu aparecimento também traz fartura e oportunidades que não podem ser perdidas. Quem anda junto ao lince aprende a pisar leve.

Orixás: Oxalá, Logunã, Oxóssi, Obaluaiê, Omolu e Oxum.
Classificação na Alquimia Ancestral: TERRITORIAIS.

Lobo

Nas culturas originárias da América do Norte, este Animal de Poder é o Grande Guardião assentado no Sul. Sua Sabedoria é tão grande que ensina a todos sobre paciência, lealdade e fraternidade. Normalmente, os lobos aparecem em alcateias, guiando e protegendo seu escolhido, mas também pode aparecer apenas um lobo solitário, que também cuidará e guiará seu protegido.

O lobo é o Grande Mestre que ensina por meio do exemplo, dizendo que de nada adianta falar as coisas e não colocar em prática o que se prega. Mestre na comunicação, auxilia que tenhamos nossas atitudes coesas com nossos pensamentos, palavras e emoções. Ele ensina que tudo que falamos e realizamos tem consequências, portanto, devemos ter responsabilidade na hora de falar e aconselhar alguém.

Sua *Sabedoria Ancestral* ensina que todas as nossas relações são sagradas. Ele diz que primeiro devemos ter o compromisso e honrar a relação familiar, porque esse amor fraternal traz a certeza para as resoluções da vida. O lobo diz que a primeira caridade que se faz é na sua própria família e no meio onde se está inserido. Porque, se você não ajuda quem o acompanha, como vai querer ajudar o outro? Entender seu relacionamento dentro da sua alcateia lhe ensina como portar-se fora dela.

Seus ensinamentos são regados de carinho, amor e brincadeiras. Ligados energeticamente à energia da fé, da confiança, da pureza e da inocência, os lobos ajudam no estímulo para nunca perder a esperança. O mundo pode ser difícil de enfrentar, o lobo sabe disso, por essa razão anda na grande maioria das vezes em matilha. Sabedoria de organização e de saber o seu lugar lhe dará capacidade de ação.

O lobo é um dos protetores dos Espaços Sagrados. É um animal difícil de adquirir confiança, pois sente o cheiro de mentira e falsidade de longe. Aparece sempre quando a pessoa realmente se compromete a mudar e seguir em frente, com novos ares mais sagrados para a vida. O lobo não vê problema em corrigir a postura de seu pupilo, mas se não houver comprometimento, esse animal pode se afastar muito mais rápido do que chegou. O lobo ajuda apenas aquele que de fato quer ser ajudado, pois despender energia com quem não tem interesse é jogar pérolas aos porcos.

Um animal articulador, que vai colocar seu protegido em movimento constante. Para esse animal, não existe ponto cego, pois a alcateia inteira está de ouvidos, olhos e olfatos atentos. Os lobos ajudam a encontrar mandingas e magias egoístas, destruindo e devorando essa energia, em seguida, marcam o território para que no momento certo toda a alcateia venha cobrar essa magia, então, esse mago irá sofrer diretamente a consequência de seus atos, por meio da Lei Divina. Quem se atreve a atravessar o território de uma alcateia com más intenções deve ter em mente que vai ser rasgado e dilacerado por todos. Mas quem atravessa seus campos por ignorância ou desconhecimento, vai ser observado e ajudado a se encontrar novamente, se assim quiser e merecer.

O lobo ensina novos caminhos, mas também dá sustentação e coragem para seguir caminhos já conhecidos. Ele não desampara nem um filhote. Acredite na força do lobo, porque, tenha certeza: se ele apareceu é porque esse Animal de Poder confia muito em você. Um animal que não teme andar na escuridão, porque conhece seu potencial e quem é de fato. Mestre da Magia e do Oculto.

Orixás: Oxalá, Logunã, Oxumaré, Oxóssi, Obá, Xangô, Egunitá, Ogum, Iansã, Iemanjá, Obaluaiê e Omolu.

Classificação na Alquimia Ancestral: TERRITORIAIS.

Mabeco

Em um Itã africano, quando Ogum cede seus cachorros a Obaluaiê/Omolu, são os mabecos que passam a acompanhar os Senhores das Palhas. Os mabecos, quando cruzam nossa trilha, sempre estão em matilhas, podendo ser até números incontáveis de cachorros selvagens. Sua disciplina, lealdade e respeito por toda a alcateia mostram como viver em sociedade, e como um cooperativismo sustentável faz uma comunidade crescer próspera, abundante e cheia de Benesses Divinas. Esses cães africanos ensinam que nada no mundo se constrói sozinho, mas que há uma interdependência de cada ser na Terra. Tudo está ligado às Teias da Grande Avó Aranha, e tudo está sob os olhares e a ordem de Ogum, Exu e Xangô.

Todos os Animais de Poder dessa alcateia nos protegem em todas as Direções Sagradas, não deixando espaço para negatividades. Seu porte não é grande, como o de outros Animais de Poder *Territoriais*, mas sua inteligência, agilidade, disciplina, comunicação, trabalho em equipe e estratégia compensam toda a "falta de tamanho". Seu altruísmo e filantropia ensinam que devemos pensar na comunidade em que vivemos, a fim de que tenhamos olhos voltados para aqueles que estão próximos de nós e, também, para os que estão distantes, pois a verdadeira união traz a força e a prosperidade. Os mabecos dizem que o compartilhamento de ensinamentos faz toda a sociedade crescer sábia; e que cada um é uma semente que pode germinar para ajudar o outro. Sua Sabedoria sabe a arte da verdadeira troca.

Eles ensinam que Olorum é Pai e também Mãe, como as manifestações dos Sagrados Pais e Mães Orixás. Sua matilha cura problemas familiares e conjugais, melhorando a relação de todos da família. Com habilidade social, aprimoram nossa comunicação e formas de expressão. Portanto, ensinam que cada um de nós deve entender seus limites e saber seu lugar, para não fazer algo que nos machuque ou fira o próximo. Os mabecos mostram que estamos inseridos em uma sociedade única no planeta Terra, e que se cada um fizer sua parte, sem ficar especulando e dando "pitaco" na vida do outro sem ser chamado, a Grande Família cresce melhor.

Os mabecos estão muito ligados à direção Sul, onde nossa criança interior se encontra. Sua chegada à nossa vida é sempre cheia de alegria, felicidade e brincadeiras, despertando em nós a vontade de viver e de estarmos em grupo. São Animais de Poder guiados pelo Avô Sol. Ensinam também sobre o respeito aos nossos Ancestrais Veneráveis. Eles trazem a sabedoria da paciência e da tolerância, e de que guerras são disputas do ego. Trazem resistência e persistência, bem como mostram que somos merecedores de nossos sonhos, por esse motivo, devemos ir atrás de nossos desejos.

Sua presença auxilia nas nossas curas físicas. Podem ser invocados a lamberem nossas feridas para melhorar a cicatrização das nossas chagas, sejam onde forem, na mente, no coração, no espírito ou no corpo. Sua audição é fantástica e consegue escutar nossos pensamentos.

Sua Sabedoria fala sobre confiança, que é algo difícil de conseguir, mas muito fácil de se perder no mundo do ego e da ignorância e, para recuperar, é quase impossível. Por esse motivo, todos devem ser sinceros e leais, primeiro, a seus pensamentos e sentimentos, para depois entender que essa lealdade deve ser confiada a pessoas que realmente merecem.

Orixás: Todos.
Classificação na Alquimia Ancestral: TERRITORIAIS.

Morcego

O morcego é um dos Animais de Poder *Territoriais* mais sábios, pois conhece muito sobre seu próprio Axé, e não tem medo algum de viver e caminhar nas sombras. Seu aparecimento quebra a ignorância e maldições de famílias. O morcego traz a vocalização direcionadora, pois aquele que não consegue enxergar no escuro é guiado por esse animal para se compreender e sair das trevas do sofrimento. Os morcegos são Animais de Poder *Territoriais* extremamente misteriosos e mágicos. São verdadeiros alquimistas que quebram feitiços e mirongas egoístas feitas para prejudicar os outros, até mesmo aquelas que usam sangue.

São Animais de Poder que enxergam e ouvem muito bem, mesmo no breu total onde nenhum facho de luz existe. O morcego ensina que muitas vezes não se vê com os olhos da face, mas, sim, com os olhos da alma. Seu *Axé Ancestral* encaminha espíritos e auxilia no encontro da direção e do caminho mais adequado a percorrer. Os morcegos são extremamente leais e amigos, por esse motivo nos conduzem a ficarmos de frente com nossos medos internos e ocultos, a fim de resolvermos essas pendências emocionais para prosseguir por outras trilhas. São guardiões da verdade e de vários Mistérios Divinos. Ensinam seu protegido sobre conhecimentos ocultos e antigos. Afastam pessoas de má-fé. Trazem a coragem e a resistência física, emocional e mental para lidar com as mazelas da vida.

Sua *Sabedoria Ancestral* ensina a compreender toda a Criação Divina, o alto, o embaixo, o esquerdo, o direito e o meio. Quebram e encerram revoltas, raivas, sentimentos de vingança e pensamentos limitantes. Interrompem padrões antigos para dar possibilidade de renovação às esferas da vida. Ensinam sobre adaptação. Trazem consigo o renascimento e novas iniciações. Os morcegos têm a capacidade de enxergar nossas intenções e interesses mais ocultos. Ensinam sobre cooperação, senso de comunidade e como todos devem se beneficiar, uns com as atitudes dos outros, assim todos crescem juntos e da forma que querem. Sua presença melhora nosso estado de vigília, dizendo que devemos ter mais atenção e percepção do mundo e de tudo que nos cerca. Trazem a coragem para podermos caminhar na escuridão, e resolvermos nossas ignorâncias e medos, porque sabem que tudo faz parte de uma criação e de um propósito Divino.

Orixás: Oxóssi, Xangô, Oxumaré, Omolu, Obaluaiê, Ogum e Iansã.
Classificação na Alquimia Ancestral: TERRITORIAIS.

Moreias e Enguias

Animais de Poder *Territoriais* místicos altamente calmos, mas extremamente agressivos se perturbados. As moreias e as enguias ensinam sobre magias e mirongas. São serpentes do mar que auxiliam na melhora de nossa mobilidade e adaptabilidade. Atravessam fendas emocionais para curar e cicatrizar o buraco que fica em nossa alma. São agentes cármicos que promovem choque de realidades, a fim de que possamos entender nossos caminhos na Terra. Cobram e punem aqueles depravados que usam energia sexual para amarrar, castrar ou prejudicar a vida do outro.

As moreias e as enguias auxiliam na quebra de preconceitos e ignorâncias que vamos adquirindo no decorrer da vida. São animais que ensinam sobre sexo e sexualidade, equilibrando esses sentidos e retirando preconceitos da cabeça do ignorante, pois amor é amor, independentemente de gênero ou tabu de uma sociedade egoísta e preconceituosa. Elas ensinam sobre cooperação, pois duas ou mais pessoas têm maior probabilidade de crescer do que uma sozinha. Ajudam na timidez, melhorando o comportamento e a socialização, mas também auxiliam na euforia e na agitação. Conseguem quebrar, rasgar, dilacerar, romper e cortar magias de amarração, assim como sentimentos, pensamentos e atitudes que vão contra a vida e a liberdade.

Ensinam que amor não é posse nem obsessão, mas uma cumplicidade de sentimentos, que fazem com que duas ou mais pessoas cresçam e floresçam para a vida. A força do amor é a ligação mais bonita neste mundo, e não deve ser manchada nem confundida com sentimentos de posse e de manipulação.

Orixás: Oxum, Iemanjá, Logunã, Oxumaré, Iansã, Egunitá, Obá e Nanã.

Classificação na Alquimia Ancestral: TERRITORIAIS.

Onça e Leopardo

Guardiã das florestas, das selvas e do conhecimento, a onça é a Rainha da coragem e da força, entende que cada movimento seu tem consequências, por isso anda com cautela pelas trilhas da selva. Sua presença traz confiança, segurança e independência. Ela ensina que devemos aprender a confiar em nossas intuições e atitudes, pois somos a encruzilhada dos Saberes Divinos.

Animal de Poder extremamente respeitado, mas também temido pela sua força, coragem e perseverança, a onça observa, monitora e protege Templos e Espaços Sagrados. Sua mandíbula quebra a ignorância e a mentira, e sua força destrói traumas sexuais e amorosos. A força atarracada da onça rompe e rasga sentimentos de ódio, raiva e vingança. Com sua boa visão e olfato, localiza todos os tipos de energias densas.

Sua feminilidade, sensualidade e beleza trazem a coragem de uma mãe independente e segura. Quem tem a onça como um dos Animais de Poder Guardiões não precisa se preocupar. Traz o empoderamento feminino e a beleza do amor. Sua presença flui com delicadeza, agilidade e adaptabilidade. Sua Sabedoria nos diz que devemos respeitar todas as formas e manifestações Divinas na Sagrada Mãe Terra e além dela.

A onça ensina que devemos andar com calma, paciência e em silêncio nas trilhas da vida. Sua Sabedoria diz respeito a foco, concentração e determinação. Seus aparecimentos ajudam na cura física. Animal de Poder que auxilia na projeção xamânica, protegendo o xamã na viagem astral, e ajudando na busca de doenças e magias negativas.

O leopardo é um Animal de Poder muito parecido com a onça. Suas energias não são exatamente iguais, mas são muito parecidas, por esse motivo coloquei juntos na descrição. O leopardo é menos atarracado que a onça, sendo mais esguio, mas sua determinação e coragem são muito parecidas. Leopardos gostam mais de olhar e monitorar de lugares altos e, como as onças, fazem ótimas emboscadas.

Orixás: Xangô, Oxóssi, Obá, Egunitá, Iansã, Oxum, Oxumaré, Iemanjá, Nanã e Omolu.

Classificação na Alquimia Ancestral: TERRITORIAIS.

Pantera-negra

É a beleza negra que caminha entre as florestas. A pantera-negra, quando nos acompanha nas trilhas da vida, quebra traumas de origem sexual. Sua habilidade de andar na escuridão, sem causar muito estardalhaço, ensina sobre camuflagem e liberdade. A pantera ensina a caminhar em silêncio para aproveitar as oportunidades.

Sua energia ajuda a mergulhar no consciente e no inconsciente. Com essa leveza, ela ensina como devemos curar nossas amarguras. Sua beleza indomável, selvagem e vibrante de energia traz a sensualidade e a sexualidade plena e prazerosa, sem vergonha e rompendo todo o tipo de pensamento castrador ou preconceituoso. Sua Sabedoria instiga a liberação da sua fera interior, para que você tenha a garra e o desejo de ir atrás de seus sonhos.

A pantera-negra traz todas as características da onça e do leopardo, e mais todo um mergulho sensual na beleza prazerosa da vida e da austeridade de si. Sua beleza impulsiona todos os sentidos da vida e todas as alegrias que precisamos para ter uma existência mais prazerosa e saudável. Sua beleza está no silêncio e na leveza; anda por trilhas iluminadas pelas estrelas e pela Lua.

Orixás: Todos.

Classificação na Alquimia Ancestral: TERRITORIAIS.

Pica-pau

Tenho um carinho enorme pelo pica-pau, pois é uma ave que se aproxima sempre quando estou fazendo alguma firmeza para Caboclos ou para Xangô. Todas as vezes que vou à pedreira e às matas, essas Aves Territoriais me acompanham dizendo para manter o equilíbrio e a firmeza, porque tudo vai acontecer no tempo certo. Elas quebram a arrogância, soberba e ignorância, ensinando que de nada adianta ter nariz empinado. São extremamente leais.

São Animais de Poder *Territoriais* que trazem equilíbrio mental e emocional, pois, para galgarmos melhoras nesse sentido, no espiritual e no material, devemos estar muito bem alinhados com nossos pensamentos e emoções. Trazem direcionamento, apontando o melhor caminho. Sua chegada nos aproxima da Criação Divina, pois ensinam sobre o Sagrado Feminino e o Sagrado Masculino. Educam sobre cooperação e parceria.

Trazem firmeza de caráter, pois só assim você conseguirá ter as coisas duradouras e férteis. Seu *Axé Animal* diz que precisamos aprender a dizer não e estabelecer limites, pois o nosso espaço é Sagrado. Sua energia melhora nossa força de vontade, para conseguir segurar e manter os sonhos sempre vivos. Transportam prosperidade e resistência até seus protegidos. Sua manifestação melhora nossa observação, atenção, comunicação e expressão. Quebram inveja e mau-olhado.

Mostram que cada um tem seu ritmo e isso deve ser respeitado. Ensinam que o silêncio também fala entre as batidas no tronco da árvore. Esse grande Animal de Poder diz que as decisões sempre serão só suas, mas você nunca estará sozinho, pois existirá sempre um amigo nas estradas e nas encruzilhadas da vida. Os pica-paus dizem que tudo está ligado e conectado com a Mãe Terra. Trazem novamente a sensação de pertencimento à vida natural. Eles orientam a respeito dos ciclos e dos batimentos do coração, pois ensinam a tocar o tambor xamânico.

Retiram miasmas e cascões energéticos. Suas batidas desobstruem os chacras, dando maior movimento para o *Axé vital* (prana).

Orixás: Xangô, Oxóssi, Ogum e Iansã.
Classificação na Alquimia Ancestral: TERRITORIAIS.

Pirarucu

Um peixe que tem em seu *Axé Ancestral* uma grande conexão com Xangô e Ogum. Traz em sua Ancestralidade a ligação com todos os Pais e as Mães Orixás, pois seu *espírito* traz em equilíbrio todos os sentidos da vida. Um Animal de Poder *Territorial* que carrega a força e a proteção paterna e o respeito pelo feminino. Seu aparecimento vem para trazer força física e resistência emocional, a fim de que nossas atitudes sejam equilibradas com o nosso coração e mente.

Pirarucu é um torpedo de energia que acerta nosso coração, para ensinar que devemos ter mais respeito pela vida e por tudo que nos cerca. Esse peixe vem dizer que todas as nossas relações são sagradas e devem ser respeitadas como tal. Seu *Espírito Ancestral* quebra nossos orgulhos e vaidades. Seu Axé trabalha com sentimentos de raiva, vingança, ódio e desprezo, ensinando que não precisamos carregar esses sentimentos vis, os quais nada acrescentam ao nosso crescimento.

Ele também auxilia na resistência física, dando mais solidez e vitalidade para nossa **saúde plena**. Pirarucu ensina que devemos dar espaço para o perdão e a aceitação, para não haver disputas irracionais por ego e vaidades descabidas. Sua força aquece nosso coração, trazendo a sensação de pertencimento e melhorando nossa compreensão de mundo. Sua presença traz solidez e firmeza emocional, mental, espiritual e também material. Pirarucu nada com sua paciência pelas águas da vida, para dizer que tudo que é nosso ninguém toma, pois todas as coisas têm seu tempo para chegar. Potência de renovação, ele transforma nossas vidas em um bulbo de energia das Irradiações Divinas.

Ele nos cerca com sua blindagem e não deixa que nenhum mal se aproxime, e com muito amor também ajuda no crescimento e no florescimento de sentimentos, pensamentos e atitudes positivas.

Orixás: Todos.
Classificação na Alquimia Ancestral: TERRITORIAIS.

Polvo

É um Animal de Poder *Territorial* que traz em sua essência a vida, o amor e a liberdade. O polvo, quando chega até nós, vem trazendo criatividade, oportunidades, maleabilidade e adaptação. Um animal que ensina que devemos saber nos camuflar, não para nos escondermos, mas para mostrar que existem momentos nos quais devemos aparecer e, em outros, que precisamos passar despercebidos e em silêncio para agarrar a melhor oportunidade. O polvo ensina que para viver neste mundo louco não podemos ser rígidos, sisudos e amargos, mas alegres, maleáveis e cheios de ginga para podermos nos adaptar com mais facilidade. Os polvos ensinam sobre observação; o bom caçador não é aquele que apenas atira a flecha, mas o que caminha em silêncio, sem ser visto, tanto pela caça como também por aquilo que pode caçá-lo.

Além disso, educam sobre intenção, interesse, desejo, vitalidade, fertilidade e fecundidade, pois enxergam nosso campo mediúnico (aura). Seu *Axé Animal* traz renovação para a vida de seu protegido, pois estimula a criatividade e a curiosidade, assim, a busca pelo novo é acesa em nosso interior. O polvo fala sobre liberdade, dizendo que existem vários caminhos para se chegar a Zambi, Olorum, Olodumaré, Grande Espírito ou Deus. Ele ajuda no crescimento pessoal, espiritual, emocional e mental, pois estimula a melhora de nossos aprendizados e nossa comunicação. O polvo não julga nossos erros e tropeços, ele simplesmente nos ampara para compreendermos nossas próprias agonias e, assim, ter a oportunidade de consertá-las e seguir em frente.

O polvo entende todos os relacionamentos humanos, pois enxerga nosso interior. Se ele se apresentou é porque você está tendo a oportunidade de se melhorar. Sua Sabedoria ensina sobre doação, caridade e amor fraternal. Quando ele se aproxima, também pode ser sinal de alerta, dizendo que você deve começar a prestar mais atenção ao seu redor. Seu Axé melhora nossa intuição, sensibilidade e percepção. Ele auxilia na busca de nossas Memórias Ancestrais. O polvo traz propulsão para a vida. Diz que a vida é infinita e os encerramentos de ciclos de nossa existência fazem parte dessa infinitude dela, além disso, que um abraço cura muito mais que mil palavras. Sua energia de amor fraternal nos acompanha até os abismos da vida, a fim de ensinar que para viver melhor precisamos desapegar de nossos rancores, sofrimentos, bem como de tudo que enrijece o coração e petrifica a alma. Amor é liberdade, e a vida segue nas marolas e nas ressacas de Iemanjá; o que for nosso, a vida sempre se encarrega de trazer e, o que não for, as ondas também levam. Os polvos são Animais de Poder *Territoriais* que quebram energias de amarração amorosa e aquelas magias que atentam contra a vida.

Orixás: Todos.
Classificação na Alquimia Ancestral: TERRITORIAIS.

Porco-espinho

É um animal gentil, amoroso e brincalhão que respeita a Lei Divina, e entende muito bem o conceito de ação e reação. Com esse entendimento, ele explica exatamente ao seu protegido que não há necessidade alguma de guardar raiva, rancor e sentimento de vingança, muito menos, atacar novamente aquele que o agrediu. Mas não há nada de errado em colocar defesas ao seu redor, para se proteger de ataques. Nós, humanos, somos uma pequenez na infinitude do universo, e praticar magia de forma egoísta, para saciar nossos desejos desequilibrados, é um absurdo aos olhos do porco-espinho. Ele ensina sobre respeitar limites, tanto os seus quanto os dos outros. Diz que a maldade sabe uma coisa muito bem: *"É o seu caminho de volta, sem precisar mandar"*, pois aquele que risca algo para o mal se mancha com a energia do caos.

O mundo material é cheio de altos e baixos, e isso causa desespero e ansiedade para todos. O porco-espinho auxilia na paciência e na calma, ensinando a não se ligar a essa energia eufórica e de caos que, muitas vezes, se instala no planeta. Muito ligado à Mãe Terra, traz a resistência e a firmeza de uma rocha, passando isso para o seu guiado. Sua Sabedoria Ancestral destrói a ignorância, soberba e arrogância. Seu aparecimento energiza a vida, melhora a concentração e o foco. Com sua amorosidade, educa sobre humildade, mostrando que cada um tem seu lugar no mundo. Seu *Axé Animal* melhora nossa imaginação, renovando nossas possibilidades de enxergar a vida com mais cor.

Sua energia aprimora nossa confiança, pois expande o chacra frontal, assim, melhorando nossos pensamentos e como enxergamos o mundo. Seu aparecimento cura nossas doenças emocionais, espirituais e mentais. Um Animal de Poder *Territorial* que trata a vida com muito respeito e alegria, ensinando essa gratidão a todos que se aproximam de seu Axé.

Orixás: Oxumaré, Obá, Xangô, Obaluaiê e Ogum.
Classificação na Alquimia Ancestral: TERRITORIAIS.

Puma

Este Animal de Poder *Territorial* expressa a sua beleza no caminhar, vislumbrando que a verdadeira liberdade está em saber quem de fato se é. O puma, quando se apresenta para nós, traz consigo muita fortaleza, sabedoria, autoconhecimento e calma. Também conhecido como leão-da-montanha ou onça-parda, o puma é guiado pela luz das estrelas e da Mãe Lua. Sua Sabedoria ensina sobre o silêncio, o qual devemos aprender a internalizar em nossa alma, para conseguir escutar Olorum mais claramente.

O puma só aparece quando quer ser visto, pois sabe se camuflar nas trilhas da vida. Seus ensinamentos trazem calma e paciência. Sua companhia melhora nosso desenvolvimento mediúnico, aprimorando nossas percepções e sensibilidade no que nos cercam. Com elegância e sensualidade, traz autoconhecimento, coragem e resistência para superarmos as dificuldades da vida. Sua Força Ancestral melhora nossa agilidade e adaptação, fazendo que retomemos até projetos esquecidos; melhora também nossa iniciativa para novas experiências.

Sua manifestação mostra que precisamos aperfeiçoar nossa qualidade de liderança, pois o bom líder sabe partilhar. Seu instinto ensina sobre caridade e humildade. Trazendo calma para a alma, ela mostra que as transições que realizaremos na vida devem ser feitas com cautela, porque a afobação e a ansiedade só vão prejudicar o momento. Sua medicina afina nossas intenções, dizendo que devemos ser mais honestos com nossos sentimentos, não negando nossos instintos, mas sabendo utilizá-los de uma forma positiva. Seu *Axé Animal* melhora nossa organização e traz estratégia para a nossa vida. Com esses ensinamentos, aprendemos a agir na hora certa, evitando gasto de energia desnecessário.

Orixás: Todos.
Classificação na Alquimia Ancestral: TERRITORIAIS.

Quero-quero

É uma *Ave de Poder* que traz um canto que algumas pessoas acham insuportável; eu, por outro lado, acho magnífica a expressão de alerta do "*quero-quero*". Outros dizem que seu canto e sua passagem são presunções de morte acontecendo por perto; eu, em contrapartida, não temo a morte, e entendendo que se o quero-quero pretende encerrar ciclos em minha vida, pois bem, que seja bem-vindo. Essas aves são Animais de Poder *Territoriais* que sabem muito bem fazer essa proteção.

Sua Sabedoria está ancorada no poder e na força do Feminino Sagrado. Seu aparecimento protege a família e traz mais consciência desse amor fraternal. Sua Medicina encerra e cura processos rancorosos. Um Animal de Poder que transmuta paralisia em movimento; transforma medo em coragem; e também encerra processos de ganância e soberba, pois carrega, de um lado, a lança de Ogum que mata o dragão da ganância e, de outro, a espada de Iansã, que corta a soberba em seu fio afiado. São aves que gostam de passar a maior parte do tempo em terra firme, isso mostra que a racionalidade e o pensamento sólido devem ser prioridade.

Os quero-queros são Animais de Poder que auxiliam na vigilância e alertam sobre perigos iminentes. Eles nos ensinam que devemos melhorar nossa observação e ficar sempre vigilantes ao que está acontecendo ao nosso redor. Auxiliam na agilidade e maleabilidade de nossas atitudes. Trazem resistência e perseverança. São *Aves de Poder* que ajudam na passagem do espírito da realidade material para a espiritual e, também, da parte espiritual para a material. São aves que fazem rondas em nosso campo vibracional, procurando energias nocivas. São extremamente educados, pois avisam antes de atacar. Criam círculos de alerta ao nosso redor.

Orixás: Iemanjá, Iansã, Ogum, Oxum, Nanã, Oxóssi, Omulu, Obaluaiê e Obá.

Classificação na Alquimia Ancestral: TERRITORIAIS.

Raposa

Animal de Poder Guardião da direção Sul. Muito ligado à inocência e à pureza da vida, ao estágio infantil. Sua presença traz leveza e compreensão do que nos rodeia. Sua alegria nos contagia, mostrando que devemos olhar o mundo com os olhos de uma criança, sem julgar, sem criticar e sem malícia. Como eu já disse: o homem se afastou muito da natureza – mas a raposa vem reintroduzi-lo novamente e ensinar sobre essa ligação. Ela traz a vontade de pisar na terra, agradecendo a Zambi por entender a instintividade humana.

A raposa auxilia no encontro de amarguras e sentimentos escondidos no subconsciente. Sua inteligência desnaturaliza e transforma esses sentimentos negativos em aprendizados. Sua leveza auxilia na melhora de nossa intuição e, assim, a nos conectarmos melhor com nossos Guias e Mentores. Seu aparecimento também indica que devemos sair da zona da procrastinação e ter mais agilidade para resolver as coisas. Ela diz que o que move o mundo é a criatividade, bem como a vontade de melhorar nossos relacionamentos com a humanidade e a natureza.

Ela ajuda a aprimorar nossa visão de mundo, quebrando preconceitos. Sua alegria ensina que quando sabemos o que nos faz feliz, não tem como nos sentirmos amargurados pelos acontecimentos da vida. A raposa mostra que a vida material é um Sopro Divino e que, mesmo sendo rápida, ensina muita coisa. Ela também indica o caminho do autoconhecimento, dizendo que quanto mais nos conhecemos, mais nos tornamos livres das amarras da ignorância, da vingança, do ódio, da ilusão e de sentimentos que nos aprisionam em bestialidades que não nos deixam crescer.

Orixás: Oxalá, Logunã, Oxóssi, Oxumaré, Obaluaiê, Nanã e Iemanjá.

Classificação na Alquimia Ancestral: TERRITORIAIS.

Rinoceronte

É o tanque de guerra dos Animais de Poder *Territoriais*. Sua aparência imponente, firme e impenetrável, quando atravessa a trilha da nossa vida e se apresenta como um dos animais protetores, traz consigo firmeza, resistência, imponência, força física e robustez, mas, além disso, carrega a docilidade, indicando que nem tudo se resolve com guerra. O rinoceronte fala sobre firmeza de caráter, dizendo que devemos sempre ser justos, honrados, autoconfiantes, mas também amorosos, calmos e respeitosos.

Sua Sabedoria Ancestral remonta à nossa ligação com a Mãe Terra, trazendo consigo o entendimento de que todos os seres animados e inanimados estão ligados pela teia da vida; além disso, que todas as nossas atitudes vão reverberar em todos, em uns de uma forma mais sutil e, em outros, de maneira mais frenética. Esse grande *Territorial* ensina sobre paciência, calma e serenidade, porque mesmo com a força bruta, ele mostra que precisamos saber quais guerras vamos lutar e, acima de tudo, se estamos bem-preparados para a guerra, caso ela aconteça. Sua Sabedoria também sinaliza limites, para que cada um respeite o outro, e se esses limites forem ultrapassados, o "fanfarrão" que arque com as consequências.

Um Animal de Poder que ensina a obter coragem e compreender que mesmo que sejamos calmos, precisamos ter nossa ferocidade e agressividade bem direcionadas. O rinoceronte se apresenta trazendo estabilidade e solidez para a vida de seu protegido. Ele auxilia na materialização dos sonhos e, também, na longevidade para a vida e para os negócios realizados. Os rinocerontes são animais que enxergam apenas para a frente, ensinando que o passado já passou e que agora é o momento de pensar a construir o futuro. Zambi dará no futuro a oportunidade de corrigir os erros e as amarguras, por isso o rinoceronte diz para caminhar sempre adiante.

Os rinocerontes são Animais de Poder *Territoriais* extremamente protetores. Eles têm a capacidade de reconhecer as intenções de todos aqueles que nos cercam. São animais que ajudam no desenvolvimento de várias faculdades mediúnicas, principalmente na telepatia. Rinocerontes equilibram a razão com a espiritualidade, a ciência com a fé, o profano com o sagrado, ensinando que tudo tem seu valor e deve ser levado em consideração. São animais que abrem trilhas e ensinam a direção que devemos tomar. Dóceis, abrem as estradas para caminharmos e nos fazem andar à sua frente, para não escaparmos de suas vistas. Sua proteção e suas investidas são sempre para nos impulsionar e afastar todo e qualquer tipo de mal. Superprotetores, dizem: *"Tudo que é benfeito e duradouro tem inspiração Divina".*

Orixás: Oxalá, Xangô, Egunitá, Ogum, Iansã, Oxóssi, Obá, Oxum e Nanã.

Classificação na Alquimia Ancestral: TERRITORIAIS.

Serpentes e Cobras

São Animais de Poder incompreendidos no mundo de hoje. Todos aqueles que destilam ódio, rancores e vinganças são pessoas vis e, muitas vezes, comparadas com cobras venenosas. Mas isso é apenas uma analogia por questão do veneno das víboras. A Sabedoria e a Medicina Ancestral desses animais vão muito além de comparações e de pensamentos pequenos.

Seu aparecimento traz a cura em todos os aspectos (físico, emocional, mental e espiritual), ajudando a estabelecer uma **saúde plena**. As serpentes trazem renovação para todas as esferas de nossas vidas. Auxiliam a estabelecer limites e ensinam a encerrar comportamentos nocivos à nossa **saúde plena** e à saúde coletiva. Elas ensinam que muitas vezes precisamos começar tudo novamente, e que não há nada de errado em tentar de novo.

Sua energia de flexibilidade mostra que devemos ser flexíveis na vida, e não ter a rigidez da ignorância. Sua energia ajuda a estabelecer nossa vitalidade, sensualidade e sexualidade. Todos nós possuímos uma serpente interna chamada Kundalini, a qual permeia todos os nossos chacras e auxilia na movimentação das energias em nosso corpo.

Cobras e serpentes são sinônimos de cura, transmutação e renovação. Sinta-se orgulhoso se esses Animais de Poder atravessaram sua trilha, pois vão curar todas as suas chagas, com certeza. As serpentes trazem a Luz do Saber e o aquecimento da mente, para entender a sabedoria Divina. Ajudam e auxiliam no desenvolvimento e na elevação espiritual. Sua Sabedoria está ligada às Sete Vibrações Divinas. Ensinam sobre humildade, simplicidade, amor, compaixão, respeito, equidade e tantos outros sentimentos elevados.

Sua Sabedoria ensina sobre sexo, desejo, vitalidade e vigor. Sexo nunca foi nem nunca será nada profano, pois é por meio dele que nasce a vida. Sexo também é uma das representações do amor. As coisas tornam-se profanas na cabeça daquele que está com a mente e o coração virados, mas aquele que entende o Divino em cada ser sabe que o que traz a vida é sagrado e amável.

Elas podem aparecer solitárias ou em bandos, enrolando-se onde precisamos de curas. São extremamente protetoras, não deixam que nenhum mal nem nenhuma fonte de ignorância e trevas ataquem seus protegidos. Na meditação e no contato com o Alto, ficam em espiral ao redor, auxiliando para que o Axé alcance o alvo.

As cobras sentem o "cheiro" de falsidade no ar, e logo se enrolam para proteger aqueles que amam, preparando para dar o bote onde for preciso. Mas antes de dar o bote, existe um aviso para não ultrapassar esse limite. E ignorante é aquele que atravessa esse limite.

Orixás: Todos.
Classificação na Alquimia Ancestral: TERRITORIAIS.

Tamanduá

Os tamanduás são Animais de Poder *Territoriais* que andam em silêncio pelas matas, fazendo apenas uma espécie de grunhido quando ameaçados. Seu *Axé Ancestral* quebra e rasga mau-olhado e inveja. Suas garras calam tão fundo no coração do invejoso, que ele acaba sentindo a praga que envia para o outro sete vezes mais potente. Esses Animais de Poder desorganizam magias egoístas, rasgando e deixando apenas restos energéticos que alimentaram Animais *Decompositores*.

Os tamanduás são rastreadores e ajudam a encontrar objetos perdidos. Seu olfato também auxilia a encontrar magias egoístas para desnaturar e encerrá-las. Ensinam sobre a importância de sonhar, acreditar e ter esperança em seus sonhos, e quando eles acontecem, ajudam a sustentar a força para agarrar com firmeza essa dádiva. Eles trazem a calma e a paciência. São bem-humorados e ensinam que devemos encarar nossos defeitos sempre com alegria e, até mesmo, com um sarcasmo lúdico, entendendo que tudo é um aprendizado, e que ficar triste ou magoado não resolve nada.

São altamente amorosos e magnetizam esse carinho, pois os verdadeiros ensinamentos são sentidos. Eles falam sobre solidão e trazem uma reflexão extremamente importante: *"Quando você está sozinho, com seus próprios sentimentos e pensamentos, eles trazem angústia, desespero ou paz e harmonia?"* Isso fala muito sobre como é o seu relacionamento consigo mesmo. O tamanduá diz que tudo neste mundo tem explicação, mas nem tudo precisa de explicação, ou porque você não tem a liberação necessária para o entendimento dela ou, simplesmente,

não há necessidade de conhecê-la. Os tamanduás são Animais de Poder que têm ligação com a Mãe Terra e a Mãe Água.
Orixás: Obaluaiê, Omolu, Obá, Oxum e Nanã.
Classificação na Alquimia Ancestral: TERRITORIAIS.

Tatu

Ele é símbolo da estabilidade emocional, ensinando que existem problemas causados por desvirtuamento da razão. O tatu traz consigo a força e a firmeza da terra, mostrando que para ter abundância em todos os sentidos da vida, é preciso ter um mental firme e inabalável.

Seus ensinamentos consistem na proteção do seu Local Sagrado, representado na matéria pelo corpo. E para isso, muitas vezes, precisamos erguer uma armadura a fim de que energias negativas ou pessoas indesejáveis não nos atrapalhem. Se o tatu o acompanha na trilha da vida, ele ensina que a vida não é fácil. Mas não é por isso que você deve ser mole e sofrer. A vida é difícil e exige comprometimento, disciplina, coragem, fé e determinação, por isso necessitamos ter couro grosso para enfrentar essas dificuldades. Essa couraça não quer dizer que precisamos ser rancorosos ou mal-educados, mas estabelecer limites a pessoas, sentimentos e atitudes.

Manter-se isolado muitas vezes não é egoísmo, mas na medida certa, é uma forma de você aprender a conviver consigo e também de autopreservação. O tatu lhe ensina a entrar em seus pensamentos mais profundos, para que você aprenda a conviver com esses pensamentos e cure-os. Ele educa a não negá-los, mas, sim, a entendê-los, aceitá-los para então curá-los. E muitas vezes para curar esses sentimentos esquecidos, precisamos de isolamento e silêncio. Os pensamentos e sentimentos mais profundos nós conseguimos escutar apenas no silêncio absoluto.

O tatu lhe ensina a autopreservação, pois ela é necessária para aprender a lidar com as adversidades da vida, principalmente, com pessoas de mau caráter. Ele traz a coragem para enfrentar as dificuldades e seus pesadelos. Ensina a resistência para se manter firme em seus propósitos. Sua sabedoria instrui que mesmo cavando e entrando em buracos profundos, em algum momento, a luz aparecerá e nunca mais vai apagar. E se, porventura, apagar, será para que você ensine aos outros

a caminhar na escuridão, a fim de que consigam encontrar a luz. Para isso acontecer, muitas vezes, deve-se criar uma couraça para aguentar as pancadas.
Orixás: Obá, Obaluaiê, Omolu, Ogum.
Classificação na Alquimia Ancestral: TERRITORIAIS.

Texugo, Carcaju e Irara

São Animais de Poder *Territoriais* que, quando se apresentam, trazem consigo a força da coragem, da agressividade e do autoconhecimento. Esses Animais de Poder ensinam que cada coisa tem o seu momento e hora certa para acontecer, mas não é por isso que devemos ficar de braços cruzados. O carcaju, o texugo e a irara são destemidos e dizem que o que é nosso de verdade, ninguém nos tira. São exímios dominadores da agressividade, portanto, ensinam a controlar nossa raiva e mostram que agressividade também faz parte do nosso dia a dia, mas não para machucar ou ferir os outros, e sim para nos dar a garra de seguir sempre em frente, enfrentando as batalhas da vida.

Eles ensinam sobre saber aproveitar as oportunidades, agindo na hora certa e tendo precisão. São extremamente indomáveis e conhecedores de si, por isso instruem sobre a ascensão e a superar os obstáculos. São ótimos rastreadores de energias, protegendo o que é de seu interesse e destruindo tudo aquilo que vai contra as Leis Divinas. Purificam ambientes e acendem novamente a chama da vida em tudo e em todos. Ensinam a trabalhar nossa timidez e vergonhas descabidas. Ajudam na força e resistência física.

Destemidos protetores das raízes Ancestrais, não se demoram a revelar verdades e, assim, acabarem com as mentiras e as ilusões em que estamos plantados. Estabelecem limites e ensinam a dizer não para aquilo que nos ofende. Ajudam para que seu protegido tenha e aprenda a ter resistência. São altamente reativos e agentes cármicos, pois estão sempre disponíveis e em função da Lei e da Justiça Divina. Podam ervas daninhas, e vão até o fundo cavando sentimentos, pensamentos e emoções para que seu protegido seja curado. Quebram magias negativas de fundo financeiro com maestria. São altamente protetores da família e daqueles que eles amam.

Orixás: Ogum, Obaluaiê, Omolu, Iansã, Obá, Oxóssi, Xangô e Egunitá.
Classificação na Alquimia Ancestral: TERRITORIAIS.

Tigre

O solitário tigre caminha conosco para entendermos que devemos ser firmes, corajosos e gratos pelo que somos. O tigre caminha solitário, pois é seguro de si e sabe que a vida, apesar de ter várias surpresas, é sempre amparada pelo Grande Criador, portanto, nada passa despercebido aos seus olhos.

Animal de Poder grandioso e excelente caçador, o tigre ensina a andar com cautela, paciência e em silêncio pelas trilhas da vida, e, obviamente, também pelas trilhas de caça. O tigre não teme nada nem ninguém, pois conhece seu potencial como grande caçador. Ele diz que devemos andar em silêncio pela selva para termos mais assertividade do que erros. Esse felino ajuda a farejar e visualizar boas oportunidades, para alcançarmos maior produtividade e sermos abundantes e prósperos naquilo que gostamos de fazer.

Sua força e majestade estão em volta de Templos Religiosos, para a proteção daqueles que querem buscar, com sinceridade, o conhecimento e o Amparo Divino. Com sua imponência, força e esperteza, os tigres espantam qualquer tipo de energia negativa. Sua Sabedoria é como uma flecha certeira, que acerta todos os alvos. O tigre encontra magias negativas, destruindo, rasgando e se alimentando para que isso seja digerido. Sua boa visão e olfato auxiliam a encontrar essas magias.

O tigre também auxilia na passagem do corpo material para o corpo espiritual. Ele ajuda no desligamento do nosso espírito da matéria, e nos acompanha ao encontro da nossa encruzilhada no entrevidas. Sua lealdade, amizade, amor e respeito são tão grandes, que ensinam o sentido real desses sentimentos. É difícil conquistar a lealdade desse *Animal de Poder*, mas depois que isso acontece, ele não nos abandona nunca mais e sempre estará nos protegendo.

Os tigres educam por meio do exemplo, mostrando que andar em silêncio e de boca fechada traz mais resultado do que ficar esbravejando para os quatro cantos do universo. Sua Medicina Ancestral queima, corta, rasga e dilacera preconceitos, ansiedades e fobias da nossa mente. Sua Sabedoria traz foco e concentração, e sua agilidade faz com que quebremos a procrastinação. Purificam todo o nosso redor, não deixando energias paralisantes nem sufocantes da vida.

Orixás: Logunã, Ogum, Iansã, Xangô, Oxum, Egunitá, Obá, Oxóssi, Obaluaiê e Omolu.

Classificação na Alquimia Ancestral: TERRITORIAIS.

Tubarão

Cães dos mares, os tubarões trazem segurança e proteção para a vida. Não é à toa que receberam esse nome também, pois são Animais de Poder *Territoriais* que inspiram a lealdade e a confiança. São a flecha ou lança dos mares; são os guardiões de mares, oceanos, rios, igarapés, corais e de toda a vida aquática. Apesar de haver na sociedade atual o medo dos tubarões, na matéria, eles são o que são e fazem sua função, já no espírito são amáveis, respeitáveis e extremamente leais e confiáveis. São Animais de Poder que ensinam como nadar com potência e tranquilidade nas emoções da vida.

São *Territoriais* que ensinam sobre os prazeres, trazendo a sabedoria do desejo do encontro, da felicidade e das benesses deste mundo. Educam sobre persistência e a nunca desistir dos seus sonhos. Trazem criatividade para a nossa realidade, falando que paralisia é morte certa nas marés da vida. Educam ferozmente seu protegido sobre raiva, ódio e rancores, dizendo que esses sentimentos só trazem mais amarguras. Ensinam o domínio sobre o medo. Trazem movimento para o que está parado, e abrem a possibilidade de novas visões e saberes do mundo. Auxiliam na autoconfiança e capacidade de controlar sentimentos negativos.

Os tubarões são altamente adaptáveis e flexíveis, mostrando pelo exemplo que a única forma de nadar é para a frente. Eles dizem que aquele que nada em silêncio mergulha mais fundo e consegue nadar por distâncias maiores; e que a sustentabilidade é alcançada sempre com bons movimentos e amor pelo que se faz. Amam a vida e, por isso, trazem longevidade e proteção. Por amarem tanto a vida, rastreiam todo e qualquer tipo de magia que atenta contra esse Bem Divino.

Eles conseguem sentir todo o tipo de energia, boa ou ruim, e expressam sua satisfação e respeito por meio da companhia, ou repelem por intermédio de grandes mordidas. Quebram, rasgam e destroem energias negativas feitas com sangue e com qualquer tipo de material, deste mundo ou do outro. Tubarões falam sobre liberdade, dizendo que aquilo que aprisiona e sufoca não é amor. Porque felicidade só traz mais e mais liberdade para se caminhar; essa liberdade é entender que podemos fazer tudo neste mundo, mas que existem coisas que não convêm fazer.

Orixás: Oxumaré, Oxóssi, Oxum, Iemanjá, Omolu, Ogum e Iansã.
Classificação na Alquimia Ancestral: TERRITORIAIS.

Tucunaré

Quando o tucunaré aparece, auxilia no mergulho em nossa alma, para irmos ao encontro da criatividade e, em seguida, termos a possibilidade de renovar nossas experiências nesta vida. Tucunaré ensina sobre persistência, e que a busca de um sonho nunca é impossível. Esses peixes auxiliam a melhorar nossa criatividade e na busca de novos conhecimentos.

São Animais de Poder *Territoriais* que ensinam sobre limites. Altamente agressivos, auxiliam na proteção aquática dos lugares onde estão presentes. Tucunaré mergulha em nosso emocional para estabelecer laços de fraternidade e impulso para a vida. Esses peixes também ensinam sobre aproveitar o momento, dizem que quanto menos esforço fizer para conseguir algo, é melhor. Isso faz com que não desperdicemos energias com o que não precisamos carregar.

Eles ensinam sobre entrar em contato consigo mesmo. O tucunaré, quando chega, lhe faz uma pergunta: *"Como você se sente quando está sozinho? Consegue ficar em silêncio com os seus pensamentos? A companhia de si, para si, traz alegrias, felicidades, ou angústia, depressão e raiva?"* Se você não conseguir ficar a sós consigo mesmo, mergulhe com o tucunaré nas águas da vida e aprenda a encontrar seu autoconhecimento.

Só é Mestre dos outros aquele que é mestre de si, portanto, é aquele que consegue se melhorar e, principalmente, se compreender. Ele diz:

"Fique em silêncio, aprenda a ouvir o que as Mães-d'água têm a lhe dizer. Ouça, aprenda e deixe o rio correr. Aproveite a correnteza e vá com leveza".

Orixás: Omolu, Nanã, Obaluaiê, Iemanjá, Oxum e Oxóssi.
Classificação na Alquimia Ancestral: TERRITORIAIS.

Uirapuru

A beleza da vocalização está com o uirapuru. Os povos originários do Brasil dizem que, quando o uirapuru canta, todos os animais param para observar e ouvir seu canto. Uirapuru, quando cruza nossa trilha e chega até nós, vem para ajudar em nossos desejos, equilibrando nossos sonhos e dando força de vontade para corrermos atrás desses desejos. Esses pássaros melhoram nossa comunicação e vocalização. Trazem sorte e boas aventuranças em nossas caminhadas. Seu canto é de alegria, retirando as mágoas do nosso coração.

O uirapuru diz que devemos ser guerreiros persistentes com nossos sonhos, não abandoná-los porque os outros dizem que somos incapazes. Uirapuru é a liberdade. Sua presença traz sorte e a Sabedoria das matas. Ele nos vigia e observa sempre, cuidando e protegendo de quebrantos e magias negativas. Seu canto traz alegria, fartura, esperança e prosperidade, rasgando e cortando ciúme, inveja e olho gordo. Sua energia melhora nossa velocidade e agilidade.

Misterioso, ensina sobre o silêncio que percorre a melodia, mostrando que a ausência de som também fala e que precisamos saber a hora de falar; indica que existem coisas que não precisamos mencionar. Seu *Axé Ancestral* traz o magnetismo da prosperidade. Seus cantos aquecem o coração e purificam o espírito. Sua energia nos envolve melhorando nossa aceitação, perdão e respeito, trazendo a firmeza do que se é, um Espírito Divino.

Uirapuru é a brisa que sopra lindas canções em nossas vidas. Uirapuru é o movimento do vento semeando fartura para todas as Direções Sagradas. Seu canto é a propulsão para uma vida cheia de riquezas e belezas.

Orixás: Xangô, Oxum, Oxumaré, Egunitá, Iansã, Ogum, Obaluaiê e Oxalá.
Classificação na Alquimia Ancestral: TERRITORIAIS.

Urso-pardo e Urso-negro

A Grande Avó Ursa e o Grande Avô Urso são os guardiões do Oeste. São os guardiões de onde o Pai Sol se põe e onde nasce a Mãe Lua. Só nesse conhecimento, já conseguimos sentir a infinidade de sua energia, dizendo muito sobre encerramentos e a Sabedoria de andar na escuridão, sendo iluminada pela Mãe Lua e as estrelas. Temos a robustez de um Pai e a força acolhedora e protetora de uma Mãe.

Os ursos são grandes protetores, sentem ao longe o cheiro de magia negativa sendo realizada contra aqueles que eles amam e protegem. O urso a encontra e se alimenta daquilo, estabelecendo o limite de que isso nunca deveria ter sido feito. Sabe digerir e destruir todo e qualquer tipo de energia densa, seja ela pensada, mandada, arquitetada, bem como qualquer tipo de mesquinharia idiota da cabeça dos crápulas que querem destruir a humanidade.

Sua capacidade de hibernar ensina sobre a paciência e os existem momentos que devemos nos recolher, a fim de compreendermos o que nos rodeia. O urso ensina que precisamos aprender a ficar bem com nossos pensamentos, sentimentos e espírito. De nada adianta sermos sociáveis se não conseguirmos ficar sozinhos, e compreender nossos próprios pensamentos e sentimentos. Sua ligação é extremamente forte com a Mãe Terra.

O urso faz com que mergulhemos em nosso inconsciente emocional e mental para, então, encerrar nossas mazelas e, em seguida, em um futuro próximo, possamos acordar com o Sol da primavera. O urso ensina que devemos ter paciência para digerir nossos erros e fracassos. Ele diz que precisamos sempre nos aprimorar. O urso não julga nossos erros, mas ensina com o exemplo, que podemos mudar e nos renovar.

Resistência física, emocional e espiritual, tudo isso mostra que o urso vem trazer equilíbrio para a força da proteção, e também o acolhimento com amor, ternura e doçura. Ele ensina sobre equilíbrio entre razão e emoção. Para que isso aconteça, devemos ter resistência emocional – o urso, com sua magnitude, tem de sobra para ensinar.

A ursa é extremamente protetora, criando limites para aqueles que querem prejudicar sua família. Suas garras rasgam, destroçam, cortam e dilaceram qualquer um que tente incomodar o desenvolvimento humano de seu protegido, e que ultrapasse os limites impostos. Sua força traz a materialização da cura física, pois se alimenta de miasmas, larvas astrais e cascões energéticos que impregnam nosso campo espiritual.

O urso protege os Ambientes Sagrados com vários outros Animais de Poder *Territoriais*. Além de proteger contra investidas negativas, esses Animais de Poder resguardam as energias positivas, para chegarem intactas aonde precisam chegar.

Orixás: Xangô, Obá, Egunitá, Oxumaré, Obaluaiê, Omolu, Nanã e Oxum.

Classificação na Alquimia Ancestral: TERRITORIAIS.

Urso-polar

Esse Animal de Poder *Territorial* não hiberna como os outros ursos. Ele tem a essência do urso-pardo e do urso-negro, mas em vez de mergulhar no inconsciente, mergulha na força do tempo. Sua força, determinação, resistência e amorosidade são equivalentes às dos outros ursos.

Urso-polar sabe o momento correto da formação das calotas polares na Terra. Guarda consigo a Ancestralidade dos mares e do tempo. Animal de Poder que encontra magias negativas de vidas anteriores, quebrando todo e qualquer tipo de maldição, até aquelas que dizem que são maldições de família e inquebráveis.

A Grande Ursa-Polar Guardiã do Tempo tem um amor que vai além das palavras. Seu *Axé Ancestral* está ancorado na força da família e da criação da vida. Muito amorosa, não deixa que ninguém faça nenhum mal àqueles que ela ama. A ursa ajuda a encontrar um caminho religioso e amparado dentro da Lei. Sua Sabedoria combate todos aqueles que usam a religiosidade como mercadoria para realizar abusos. Sua força e destreza amparam todos os que buscam uma espiritualidade e religiosidade sincera.

Sua força congregadora ajuda na formação da fé e da paciência. Seu aparecimento ensina que, com fé, é possível construir tudo. Símbolo de pureza e de luz, sua Sabedoria ajuda a cristalizar, deixar ainda mais preciosas as virtudes e a espiritualidade verdadeira. Mas com sua Força

Ancestral congela, paralisa, estraçalha e rasga todas as negatividades e aqueles que usam má-fé com os outros.

Acreditamos, por causa de nossa educação cartesiana, que o tempo é linear. Mas a ursa-polar ensina que a linha do tempo é espiralada.

Orixás: Oxalá, Logunã, Iemanjá, Oxum, Iansã, Ogum e Xangô.
Classificação na Alquimia Ancestral: TERRITORIAIS.

Urutau

Uma ave que está dentro da mitologia ameríndia, e suas lendas estão inseridas em várias tribos, desde a Amazônia até o Uruguai e a Argentina. Uma ave que quando está em descanso, ou até mesmo, observando, se parece com um pedaço de tronco ou de um galho de uma árvore. Muitas pessoas, por não entenderem seu jeito peculiar, e também porque em alguns lugares essas aves são consideradas símbolo de má sorte, as matam ou retiram de seu local.

O urutau tem vários nomes, como: mãe-da-lua, urutau-pardo, urutágua, urutago, kúa-kúa e uruvati. Ela é uma ave fantasma, e não digo isso apenas por suas lendas, mas por ser uma ave que consegue se camuflar muito bem, parecendo mesmo um galho de uma árvore ou a extensão de um palanque de cerca; com isso, além de se proteger, ela caça com excelência.

O urutau é o guardião da floresta, é o palanque que cuida e avisa a todos os outros guardiões e guardiãs a entrada de intrusos, daqueles que pisam na Mãe Terra apenas para maltratá-la. Ele vive nas bordas das florestas para cuidar, avisar e ajudar na passagem. O urutau tem a capacidade de enxergar muito bem à noite, observando mesmo de olhos fechados. Isso mostra que sua Sabedoria está além do que os olhos podem ver. Sua Medicina chega até a nossa alma e nosso espírito. Sua força está ancorada na verdade e na sabedoria das almas e das encruzilhadas.

Muitos acreditam que essa ave é símbolo de má sorte, mas como a Mãe Natureza ensina, ela não é má, só é o que é. Com isso, não vejo mau agouro, apenas incompreensão da parte humana para as verdades que vão além das nossas compreensões. O urutau guia-nos por meio da escuridão da vida, da alma, dos sentidos, para que mesmo nas trevas enxerguemos a beleza da existência e uma forma para sair desse momento de ignorância, dor e sofrimento. Seu canto mostra a saída e a entrada que precisamos. Sua coragem cura nossas emoções e nossos desejos insaciáveis. Ele ensina que, para aprender, devemos ficar em silêncio, fechar os olhos e enxergar com a intuição, o coração, a mente e o espírito. Sua Sabedoria cura a nossa sexualidade, ensinando a nos aceitarmos como somos, seja qual for a forma como nos vemos e escolhemos ser. Retira o preconceito, ensinando que todas as maneiras de amor devem ser respeitadas e compreendidas.

O urutau enxerga de olhos fechados o que não vemos de olhos abertos. Sua coragem dá direção e certeza para caminhar, nos transformando em grandes curadores. Suas penas curam. Seu canto cura e dá direção. Urutau é a força que nos guia em noites sombrias, assustando aqueles que não conhecem sua Sabedoria, trazendo todos aqueles que a compreendem e fazem parte de sua aldeia.

Urutau está na boca da mata, na encruzilhada da Jurema, onde guia aqueles que entram na mata e saem dela. Guardiã da Sabedoria e do Conhecimento, como a coruja.

Orixás: Obaluaiê, Omolu, Oxóssi, Iansã, Ogum, Obá e Logunã.
Classificação na Alquimia Ancestral: TERRITORIAIS.

Vespa/Marimbondo

São Animais de Poder que estão diretamente a serviço da Lei de Ogum e de Iansã, também da Justiça de Xangô e Egunitá. Eles são extremamente reativos contra aqueles que querem prejudicar os outros. São Animais de Poder *Territoriais* que entendem exatamente o sentido de disciplina, limites, respeito, convivência, organização e justiça. Estão intimamente ligados ao Fogo Divino da Justiça e ao Sopro Divino da Lei. Para aqueles que têm a vespa como Animal de Poder, devem confiar em sua proteção sem dúvidas, mas também devem ter cautela em suas ações, pois aqueles que atentam contra o equilíbrio da vida logo são envoltos pelo seu Mistério.

Marimbondos têm uma capacidade fantástica de rastrear energias nefastas, como todo Animal de Poder *Territorial*. Sua Sabedoria consome ignorância, ilusão, ódio, rancor, sentimentos de vingança e apatia. Sua organização e disciplina ensinam a capacidade de viver em sociedade, fazendo entender que todos têm um papel importante na comunidade em que se está instalado, portanto, a atitude e o pensamento coletivo se fazem sempre importantes. Mesmo com seus ensinamentos de sociedade, eles ensinam muito sobre independência, pois se cada um souber o seu papel neste mundo, todos irão agir para que a comunidade caminhe sempre para a prosperidade e bonança. A independência está no autoconhecimento, sabendo o seu lugar e o que fazer para que sempre a comunidade siga em frente. A autoconfiança trazida pela vespa retira dependência emocional ou física, e isso facilitará o processo de crescimento de todos.

São exímios estrategistas, auxiliam para que tenhamos uma boa visão do todo. Melhoram nossa comunicação e expressão com as outras pessoas. Eles ajudam a melhorarmos a nossa autoestima e, assim, entendermos que podemos conquistar nossos sonhos. Sua *Sabedoria Ancestral* ensina que devemos sempre respeitar nossa família, aqueles que chegaram antes de nós e também aqueles que já partiram.

São Animais de Poder *Territoriais* que se apresentam em colmeias e enxames. Porventura, podemos ver uma ou outra solitária, mas a colmeia sempre estará por perto para dar o suporte necessário. São extremamente protetores, suas investidas dizem para termos cautela quando estamos ansiosos. Ensinam que trabalho é necessário para a construção do ser, mas não o trabalho remunerado, e sim aquele que lapida e molda o ser em algo melhor. Trazem resistência, força de vontade, disciplina, dedicação e esperança.

Sua energia protetora pode transformar seres em ovoides com suas picadas. Sua reação é tão espontânea a favor da Lei Divina, que aquele que atenta contra a vida tem em seu corpo plantado uma larva de marimbondo que vai sugar e esgotar toda a vitalidade e o sentimento de ódio, até que a pessoa aprenda. Auxiliam ngangas, xamãs, pajés e feiticeiros em suas viagens xamânicas, tanto na proteção como na projeção astral. A vespa coloca tudo em movimento e acelera todos os processos, para que as coisas se resolvam o mais rápido possível.

Orixás: Oxalá, Logunã, Xangô, Egunitá, Oxóssi, Ogum e Iansã.
Classificação na Alquimia Ancestral: TERRITORIAIS.

"Aceitar vossos defeitos é aceitar a si mesmo. É aceitar que pode encerrar os ciclos dos vícios, de apegos desnecessários. É aceitar que você tem algo, que precisa dar o próximo passo. Você acha isso fraqueza? Fraqueza é você sustentar uma máscara por não ter vergonha na cara de querer aceitar e melhorar. Pra você ser melhor para si, se torne amigo das suas negatividades, aprenda a amá-las e perdoá-las. Porque mesmo que seja nos trancos, você aprende algo. Como você acha que é a melhor forma de combater esse inimigo? É amando, perdoando, aceitando e seguindo em frente" – **João Caveira**, psicografado, 21/1/2021.

Bestialidades Animalescas

Hoje em dia, a literatura umbandista e espiritualista é farta, mas antigamente não se usavam livros, e sim as experiências xamânicas, que atualmente são conhecidas como transe mediúnico. Pois bem, nesses vários livros que lemos, e também nos "passeios" com nossos Mentores, nos deparamos com Guardiões indo até o "quinto dos infernos" para resgatar e combater as maldades humanas, ou melhor, combater os desequilíbrios emocionais humanos. E, nessas andanças, vemos vários relatos de bestas e animais grotescos que andam para lá e para cá. Nesses lugares, há Animais de Poder naturais dessas regiões, conhecidos ou não, que fazem a proteção dos limites desses locais, para que nada entre e muito menos saia sem a devida ordem. Também existem aquelas bestas humanas que se tornaram bestialidades animalescas.

Há essas bestialidades horrendas em virtude dos desequilíbrios emocionais excessivos que os espíritos se propuseram a fazer, tanto na matéria como no entrevidas. Foram tantos desejos, pensamentos e atitudes desequilibradas que o emocional sobrepôs o mental, então, esse mental/emocional tornou-se tão instintivo que uma forma humana já não é mais aceita pela própria consciência. Desse modo, como já não existe mais a barreira da matéria no mundo espiritual, todas as animalidades, pensamentos grotescos, desejos irrefreáveis e instintos reprimidos dão vazão a um emocional desequilibrado, formando "animais", ou melhor, bestas humanas.

Nesses abismos conscienciais, Exus, Pombagiras e Animais de Poder mantêm a ordem, esgotando, punindo e neutralizando essas bestas humanas que deixaram seus emocionais extrapolarem sua mente. Apesar de serem lugares fétidos, caóticos, tristes, purulentos e até mesmo parecendo que foram esquecidos por Zambi, são nesses locais que começam a cura e a neutralização das perversões humanas, para que, em seguida, esses espíritos voltem ao seu lugar e retornem à sua trilha de aprendizados e ensinamentos.

Lembre-se, Olorum está em tudo e em todos. Olorum é o Criador, portanto, está à direita, à esquerda, em cima e embaixo. Não existe opositor, muito menos demônio que vai contra o Criador, mas, sim, bestas humanas que por ego, vaidade e soberba acham que são superiores e melhores que os outros. E quando tudo sai fora dos eixos, elas colocam a culpa em um bode expiatório.

"Ser médium por ser médium não te traz nada. Você sabe o que fazer se enxergar, escutar, sentir um espírito ou uma energia por perto? Simplesmente ver e escutar não te eleva e não ajuda ninguém. Aprenda a sintonizar e ter bons frutos com um presente Divino. De nada adianta incorporar e não se tornar algo melhor. De nada adianta ver, se você não souber o que fazer. De nada adianta escutar se não souber o que falar e aconselhar ou aprender. Seja uma ferramenta Divina. E tenha orgulho de quem você é" – **João Caveira**, psicografado, 21/10/2021.

Considerações Finais e Agradecimentos

Este livro mostrou uma forma de se conectar com os Animais de Poder e, obviamente, essa não é a única maneira de entrar em contato com eles. Falamos sobre várias consciências instintivas dos Animais de Poder em algumas páginas, mas tenha a certeza de que essas consciências vão muito além do que foi escrito aqui.

Quando entrar em contato com os Animais de Poder, seja profundo com esse relacionamento, pois eles têm muito a ensinar sobre o momento presente, a respeito de animalidade e instintividade. Quando acabamos nos afastando da Natureza e do sentido real de viver, começamos a projetar muito nossa mente para um futuro que é incerto; também, muitas vezes, podemos ir com a nossa mente a momentos do passado, em uma nostalgia de sentimentos, e no meio de tudo isso, acabamos nos esquecendo de viver. Os Animais de Poder, além de trazerem vários ensinamentos e abrir nossos caminhos, pois são Mestres, ajudam a compreendermos a linha do tempo, e falam que não existe nenhum momento mais importante do que aquele que você está vivendo agora.

Conectar-se com esses Animais de Poder é curar-se. Vamos nos reintroduzir novamente nas matas, já que também somos animais. Curar-se é desapegar-se do medo, e isso os Animais de Poder ensinam muito bem. Alinhe-se com seus instintos, cure seus sentimentos perturbados e caminhe sempre em frente, sem vislumbrar muito um futuro e também sem se apegar ao passado.

Este livro é, igualmente, uma forma de retirar o antropocentrismo de cena, isso porque penso que nós, humanos, somos apenas um grão de areia nesta imensa criação do Criador e da Criadora. Esse pensamento mesquinho, o antropocentrismo, faz com que nos separemos ainda mais da Natureza e, infelizmente, que a Terra sangre. Ailton Krenak diz que a humanidade não é o "sal da terra", e eu concordo com essa afirmação. Não somos a criação favorita de Zambi. Qual é o sentido para um Pai ou Mãe amar mais um filho do que o outro? Toda a vida aqui na Terra é importante, seres animados (animais, vegetais e humanidade) ou não animados (rochas, pedras, montanhas), pois toda a criação carrega um espírito. Retirar esse antropocentrismo doentio é afastar a ilusão dos olhos, da mente e do coração, assim, talvez, a humanidade entenda que deva parar de consumir a Mãe Terra desenfreadamente.

Trazer essa visão é tentar entender como nossos Ancestrais viviam e como alguns ainda vivem. Espero que o mundo enxergue isso e dê o devido valor a TODOS os povos originários, que respeitaram e sempre respeitarão essa Mãe Terra, pois entendem que somos filhos e filhas Dela. Um mundo possui várias cosmovisões diferentes, nenhuma é menos que a outra, mas se alinham a um único Criador que prega o amor e a vida a todos neste universo, sem preconceito e distinção. Entender esse pensamento horizontal faz com que o mundo seja um lugar melhor e farto para todos. Consequentemente, com essa visão horizontal de crescimento e inclusão, paramos de pensar com uma visão "evolucionista", de olhar de cima ou em degraus.

Outro ponto muito importante é ver como a Umbanda está muito ligada à Cultura Banto. O tripé que sustenta a Umbanda, e é a base de nossas Ancestralidades, é representado por: Erês, Caboclos/Caboclas e Pretos-Velhos/Pretas-Velhas. A Dikenga, o Ciclo da Vida, está muito bem caracterizada nessas três Grandes Linhas da Umbanda. Erês representam a infância e o começo de tudo; Caboclas e Caboclos simbolizam o auge da maturidade física e fértil; Pretos-Velhos e Pretas-Velhas representam a sabedoria dos anciãos, a experiência da vida e a grande sabedoria de não correr neste mundo.

Gostaria de agradecer a você, leitor, que chegou até aqui, deu espaço para mais um conteúdo e uma nova forma de se conectar com o Grande Mistério. Lembre-se de que o final deste livro não é o fim da trilha, ainda há muito que percorrer e galgar. Acredite sempre em seu potencial, e recorde-se de que adquirir conhecimento é curar a alma da ignorância e dar espaço para a Luz da Consciência.

Viva como os animais, não fique pensando muito, simplesmente viva. Ande descalço pelas trilhas; sinta a brisa do vento tocando seu rosto, as rosetas pinicando seu pé, o Sol aquecendo seu corpo. Esqueça um pouco o barulho da selva de pedra, faça uma reconexão com o planeta Terra e com a existência. A vida é muito mais que um consumismo barato ou desejos desenfreados. Ela é o sonhar da integração novamente com a Mãe Terra, para que, quando partirmos dessa realidade, encaremos Zambi sem ter vergonha do que nos tornamos.

O foco da Umbanda e da espiritualidade, em que acredito, não é viver preso ao perdão apenas, mas, sim, viver o instinto e a alegria. Não perder o ponto crucial da vida, que é viver, como Exu ensina a gargalhar para os acontecimentos. Tudo aqui escrito não vem para maldizer, maltratar ou, simplesmente, com um ego medíocre indicar quem é mais ou menos poderoso, mas plantar em sua consciência a possibilidade de ver o mundo com outros olhos. O mundo branco é visto por um olhar de poder. O mundo preto e vermelho é um mundo de inclusão e de interação com todos desta Mãe Terra. Nossos Ancestrais não são apenas humanos, mas também tudo aquilo que veio antes para trazer a consciência e preparar a vida deste planeta chamado Terra.

Laroyê Exu. Exu Mojubá!

A seguir, a oração do Chefe Sioux, Falcão Amarelo, presente no livro *Magia Xamânica*, de Derval Gramacho e Victória Gramacho, publicado pela Madras Editora. Esta é uma das orações mais lindas que li:

"O Grande Espírito, cuja voz eu ouço nos ventos e cujo sopro dá vida a todos os seres, ouça-me! Eu venho a Ti como vem uma de suas crianças. Eu sou fraco e pequeno e preciso da Sua sabedoria e de Sua força. Deixe-me caminhar na beleza e faça meus olhos sempre notarem o vermelho-violeta do pôr do Sol. Faça minhas mãos respeitarem as coisas que Você fez, e meus ouvidos atentos para ouvir a Sua voz. Faça-me sábio para que eu possa entender o que Você ensinou ao meu povo e a lição que escondeu em cada folha e em cada pedra. Eu peço sabedoria e força, não para ser superior aos meus irmãos, mas para ser capaz de combater o meu maior inimigo: eu mesmo. Faça-me estar sempre pronto para chegar diante de Ti com as mãos limpas e os olhos puros. Quando a vida se extinguir, assim como o Sol se extingue no crepúsculo, que meu espírito possa ir ao Seu encontro sem sentir vergonha".

Referências Bibliográficas

BALDUS, Herbert. *Lendas dos Índios do Brasil*. São Paulo: Brasiliense, 1946.

BROWN, Dee. *Enterrem Meu Coração na Curva do Rio*: a Dramática História dos Índios Norte-Americanos. Porto Alegre: L&PM, 2003.

CARNEIRO, Carlos Ramon S. *O Poder Oculto das Ervas – Alquimia Ancestral*. São Paulo: Madras, 2022.

CASCUDO, Luís da Câmara. *Meleagro: Pesquisa do Catimbó e Notas da Magia Branca no Brasil*. 2. ed. Rio de Janeiro: Livraria Agir, 1978.

COPPINI, Danilo Pereira. *Quimbanda*: o Culto da Chama Vermelha e Preta. São Paulo: Via Sestra, 2014.

CUMINO, Alexandre. *Exu não é Diabo*. São Paulo: Madras, 2019.

FAUSTO, Berg. *Dicionário de Símbolos Arquetípicos*: uma Busca do Desenvolvimento Pessoal a Partir da Visão da Psicologia Analítica com a Física Quântica. Mossoró: [s. n.], 2018.

FRANCO, Divaldo Pereira. *Loucura e Obsessão*. 12. ed. Brasília: Editora Federação Espírita Brasileira, 2018.

GIROTO, Ismael. *O Universo Mágico-Religioso Negro-Africano e Afro-Brasileiro*: Bantu e Nàgó. 1999. Tese (Doutorado) – Departamento de Antropologia, Faculdade de Filosofia, Letras e Ciências Humanas, Universidade de São Paulo, São Paulo.

GRAMACHO, Derval; GRAMACHO, Victória. *Magia Xamânica – Roda de Cura*. São Paulo: Madras, 2002.

HARNER, Michael. *O Caminho do Xamã*: um Guia de Poder e Cura. São Paulo: Cultrix, 1995.

JECUPÉ, Kaká Werá. *A Terra dos Mil Povos*: História Indígena do Brasil Contada por um Índio. 2. ed. São Paulo: Peirópolis, 2020.

KOPENAWA, Davi; ALBERT, Bruce. *A Queda do Céu: Palavras de um Xamã Yanomami*. 12. ed. São Paulo: Companhia das Letras, 2020.

KRENAK, Ailton. *A Vida não é Útil*. São Paulo: Companhia das Letras, 2020.

LARANJEIRA, Lia Dias. *O Culto da Serpente no Reino de Uidá: um Estudo de Literatura de Viagem Europeia, Séculos XVII e XVIII*. Salvador: Editora da Universidade Federal da Bahia, 2015.

MENDONÇA, Adriana Aparecida. *Laróyè: Exu na Obra de Mário Cravo Neto*. 2008. Dissertação (Mestrado) – Programa de Pós-Graduação em Cultura Visual, Faculdade de Artes Visuais, Universidade Federal de Goiás, Goiânia.

MONTEIRO, Ana Vitória Vieira. *Xamanismo: a Arte do Êxtase*. [S. l.: s. n.]: 2006.

NETO, Francisco do Espírito Santo. *A Imensidão dos Sentidos: Aprendendo a Lidar com a Sua Mediunidade*. 14. ed. São Paulo: Boa Nova, 2000.

PRANDI, Reginaldo. *Mitologia dos Orixás*. São Paulo: Companhia das Letras, 2001.

SANTOS, Tiganá Santana Neves. *A Cosmologia Africana dos Bantu-Kongo por Bunseki Fu-Kiau: Tradução Negra, Reflexões e Diálogos a partir do Brasil*. 2019. Tese (Doutorado) – Programa de Pós-Graduação em Estudos da Tradução, Departamento de Letras Modernas, Faculdade de Filosofia, Letras e Ciências Humanas, Universidade de São Paulo, São Paulo.

SARACENI, Rubens. *Orixá Exu – Fundamentação do Mistério Exu na Umbanda*. São Paulo: Madras, 2015.

_____. *Doutrina e Teologia de Umbanda Sagrada – a Religião dos Mistérios, Um Hino de Amor à Vida*. São Paulo: Madras, 2014.

_____. *Código de Umbanda*. São Paulo: Madras, 2018.

_____. *A Magia Divina dos Elementais*. São Paulo: Madras, 2004.

_____. *Diálogo com um Executor*. São Paulo: Madras Editora, 2005.

_____. *Os Templos de Cristais – A Era dos Grandes Magos*. 3. ed. São Paulo: Madras, 2013.

_____. *Rituais Umbandistas – Oferendas, Firmezas e Assentamentos*. São Paulo: Madras, 2007.

_____. *Tratado Geral de Umbanda – As Chaves Interpretativas Teológicas*. 4. ed. São Paulo: Madras, 2016.
_____. *Os Guardiões dos Sete Portais – Hash-Meir e o Guardião das Sete Portas*. São Paulo: Madras, 2005.
_____. *Os Guardiões da Lei Divina – A Jornada de Um Mago*. 3. ed. São Paulo: Madras, 2006.
_____. *O Guardião do Fogo Divino – A História do Senhor Caboclo Sete Pedreiras*. 3. ed. São Paulo: Madras, 2014.
_____. *O Guardião da Meia-Noite*. 17. ed. São Paulo: Madras, 2009.
_____. *O Cavaleiro do Arco-Íris – O Livro dos Mistérios*. São Paulo: Madras, 2014.
_____. *Mistério do Guardião do Arco-Íris Divino – O Início do Sonho*. São Paulo: Madras, 2016.
_____. *O Guardião dos Caminhos – A História do Senhor Guardião Tranca-Ruas*. São Paulo: Madras, 2006.
_____. *O Guardião da Sétima Passagem – A Porteira Luminosa*. São Paulo: Madras, 2006.
SILVA, Idelma Santiago da; SILVA, Jerônimo da Silva e. "Combates Cosmológicos pelo Direito do Rio na Amazônia Oriental". *Revista Territórios e Fronteiras*, Cuiabá, v. 11, ago./dez. 2018.
SILVA, Jerônimo da Silva e. "A Cobra na Cosmologia das Rezadeiras Amazônicas". *Ciencias Sociales y Religión/Ciências Sociais e Religião*, Campinas, v. 22, e. 020029, 2020.
SIMAS, Luiz Antonio; RUFINO, Luiz. *Fogo no Mato*: a Ciência Encantada das Macumbas. Rio de Janeiro: Mórula, 2018.
STEVANIM, Luiz Felipe. *Terreiro de Caboclo*: a Raiz Indígena na Umbanda. Porto Alegre: Legião, 2021.
USHER, José. *Memórias de um Kiumba*. São Paulo: Madras, 2019.
_____. *Evolução de um Kiumba – No Reino da Serpente Negra*. São Paulo: Madras, 2021.

Cursos e Sites Consultados:
Curso Teologia da Umbanda, no ano de 2021. Instituto Cultural Pieta, Ensino e Editora, Sorocaba (SP).

Curso Ewé, o Poder das Plantas, no ano de 2020. Oduduwa Cursos On-line, São Paulo.

<https://eusemfronteiras.com.br>. Acesso em: 2 ago. 2022.
<https://vozdoselementos.com.br>. Acesso em: 10 ago. 2022.
<https://xamanismo.com.br>. Acesso em: 15 jul. 2022.
<https://xamanismoseteraios.com.br>. Acesso em: 23 jun. 2022.
<https://vivernatural.com.br>. Acesso em: 20 jul. 2022.
<https://sonhoastral.com/articles/113>. Acesso em: 13 jul. 2022.
<https://www.wikiaves.com.br>. Acesso em: 17 ago. 2022.
<https://essenciasdaterra.com.br>. Acesso em: 20 jul. 2022.
<https://www.lotusxamanismo.com.br>. Acesso em: 10 ago. 2022.
<http://www.animaldepoder.com.br>. Acesso em: 10 ago. 2022.
<https://www.ceunossasenhoradaconceicao.com.br>. Acesso em: 15 jul. 2022.